みんな違うからこそ考えたい！

小学生のマナーと約束ごと

気もちよく伝える＆行動するために

特定非営利活動法人　マナー教育サポート協会理事長
岸田輝美 著

JN114810

メイツ出版

まえがき

ある小学生《しょうがくせい》と知《し》り合《あ》いました。その子《こ》は友《とも》だちとうまくつきあえなくて、学校《がっこう》に行《い》きたいのに行《い》けなくなっていたのです。その子《こ》が夏休《なつやす》みに図書館《としょかん》で探《さが》したのは「マナーの本《ほん》」だったそうです。もしかしたら、そこに友《とも》だちと仲《なか》よくなるヒントが書《か》いてあるんじゃないかなって思《おも》ったからです。

その本《ほん》には「こんなことをすると友《とも》だちはイヤだと思《おも》うよ」「こうしたら友《とも》だちはうれしいんだよ」ということが書《か》いてありました。そしてそれを読《よ》んでから、友《とも》だちとも安心《あんしん》してつきあえるようになったそうです。長《なが》く休《やす》んでいた学校《がっこう》へも少《すこ》しずつ行《い》けるようになってきました。その子《こ》は、マナーを知《し》ることで、一歩《いっぽ》踏《ふ》み出《だ》す勇《ゆう》気《き》を持《も》てたのです。

マナーというのは100人《にん》いたら100通《とお》りあると言《い》われています。なぜかというと、人《ひと》によって、してもらってうれしいことがちがうからです。でも、相手《あいて》のことをよく知《し》らないうちは何《なに》をしたら喜《よろこ》んでもらえるかがわかりませんよね。そんなときに、むかしの人《ひと》が伝《つた》えてくれている、生活《せいかつ》の知恵《ちえ》としてのマナーを使《つか》うといいのです。

世《よ》の中《なか》は大《おお》きく変《か》わり始《はじ》めています。これからのマナーとは、正《ただ》しいとかまちがいとかより、まわりの人《ひと》と楽《たの》しく気《き》もちよく生活《せいかつ》するためにどうするかが大事《だいじ》だと思《おも》います。

この本《ほん》でそれをいっしょに考《かんが》えていきましょう。自分《じぶん》もあいてもみんな気《き》もちいい！がいいですね。

さあ。楽《たの》しい未来《みらい》にわくわくしていきましょう。

マナー教育《きょういく》サポート協会理事長《きょうかいりじちょう》　岸田《きしだ》輝美《てるみ》

もくじ

ショウヘイ

ボクはマナティ。みんながマナーについて楽《たの》しく学《まな》べるように、ボクがおてつだいするよ。

カレン

コウタ

ハナ

第《だい》1章《しょう》
家《いえ》の中《なか》で

自分《じぶん》の家《いえ》が

自分《じぶん》にとっても　家族《かぞく》にとっても

安心《あんしん》して過《す》ごせる場所《ばしょ》だったらいいね

そのために

何《なに》かできることがあるかな？

あるんじゃないかな？

1 あいさつが大切《たいせつ》なわけ

あいさつとは、人《ひと》と人《ひと》が人《ひと》と会《あ》ったときや別《わか》れるときにする動作《どうさ》や、おたがいにかけ合《あ》う言葉《ことば》のことだよ。あいさつをすることによって、「あなたのことを認《みと》めていますよ」と、伝《つた》えあうことができるんだ。

人《ひと》は自分《じぶん》のことを認《みと》められるとうれしい気《き》もちになるから、あいさつをするとおたがいに気《き》もちがよくなるっていうことなんだ。

みんなはあいさつをされたら気《き》もちがいい？　自分《じぶん》がしたときはどうかな？

あいさつしなかったら どうなるの？

　もし、だれもあいさつをしなかったら、世界《せかい》はどうなるんだろう？　みんなはあいさつのない世界《せかい》を思《おも》い浮《う》かべることができるかな？　朝《あさ》「おはよう」と言《い》わない、ご飯《はん》の前《まえ》に「いただきます」と言《い》わない「ごちそうさま」も、「行《い》ってきます」「ただいま」「おやすみなさい」も全部《ぜんぶ》言《い》わないとしたら……？

　ためしに一度《いちど》「あいさつのない時間《じかん》」を作《つく》ってみない？　家《いえ》でも、学校《がっこう》でも、あいさつをしてはいけない、という時間《じかん》を作ってみるんだ。

　だれもあいさつしてくれないとさみしいと思《おも》うよ。みんな、なんとなくイヤな気《き》もちになるんじゃないかな？

　あいさつをすることで、「私《わたし》はあなたの敵《てき》ではないですよ」と伝《つた》える意味《いみ》もあるんだよ。

マナティーのアドバイス

　言葉《ことば》をかわさなくても、視線《しせん》を合《あ》わせてニコリとしたり、軽《かる》くおじぎをするのもあいさつのひとつだよ（会釈《えしゃく》というんだ）。言葉《ことば》に出《だ》してあいさつするのが苦手《にがて》な人《ひと》は、まず会釈《えしゃく》から始《はじ》めてみたら？

家族《かぞく》の間《あいだ》だから あいさつはいらない？

起《お》きたら家族《かぞく》はもう出《で》かけてるんだ
わざわざあいさつなんかしないなあ
私《わたし》から始《はじ》めてみようかな？

もしかしたら「家族《かぞく》の間《あいだ》ではあんまりあいさつしていないな」と思《おも》う人《ひと》もいるかもしれないね。

家族《かぞく》がそれぞれ仕事《しごと》や学校《がっこう》でいそがしくしていると、ついあいさつをしないで過《す》ごしてしまうこともあるよね。他人《たにん》じゃなく家族《かぞく》だから、わざわざあいさつしないでもいいかな、と思《おも》う気《き》もちもあるかもしれないな。

でも、最初《さいしょ》に書《か》いたように、あいさつはおたがいを認《みと》め合《あ》っている気《き》もち、大《たい》切《せつ》に思《おも》っているという気《き》もちを伝《つた》えるために、とても大切なものなんだ。

もし家族《かぞく》があまりあいさつをしないんだったら、まず自分《じぶん》からしてみたらどうだろう？　朝《あさ》起《お》きたら「おはよう」って言《い》うことから始《はじ》めてみたらどうかな？　続《つづ》けているうちに、家族《かぞく》からも、もしかしたら「おはよう」が返《かえ》ってくるかも？

そうなったらうれしいよね？

？ケンカ中《ちゅう》でもあいさつするの？

お父《とう》さんやお母《かあ》さん、きょうだいとの間《あいだ》でケンカをしているときとか、気《き》もちがすれちがっているときには、あいさつなんかしたくなくなるよね？

でも、そんなときこそ、自分《じぶん》からあいさつするといいんだよ。家族《かぞく》に腹《はら》が立《た》ったり、イヤだなと思《おも》ったりしている日《ひ》でも、「おはよう」「いってきます」「ただいま」って言《い》うと、かたくなった心《こころ》がやわらかくなって、腹《はら》が立《た》っていたことも「どうでもいいか？」っていう気《き》もちになるかもしれないよ。試《ため》してみよう。

家族《かぞく》だけじゃなく、友《とも》だち同士《どうし》でも同《おな》じかも？　どうかな？

もう明日《あした》絶対《ぜったい》口《くち》きかない！
プン
プン
おはよう～
おはよう
しまった、あいさつしちゃった！
なんかもう、どうでもよくなっちゃったな
いただきまーす
はい、どうぞ

世界《せかい》のあいさつは？

日本人《にほんじん》はあいさつのときにおじぎをするけど、世界《せかい》にはたくさんのあいさつがあるんだよ。

たとえば……

- 手《て》を合わせる（合掌《がっしょう》　と言《い》うんだよ）
- 手《て》を高《たか》く上《あ》げる
- あく手《しゅ》をする
- 軽《かる》くだき合《あ》うようなハグ
- さらにほっぺたなどに軽《かる》くキス
- 鼻《はな》と鼻《はな》をくっつける
- 舌《した》を出《だ》す

　などなど……。

外国《がいこく》のテレビや映画《えいが》、アニメなどで、どんなあいさつがあったかな？　家族《かぞく》や友《とも》だちと話《はな》してみるといいよね。

　もし海外《かいがい》に行《い》くことがあったら、その国《くに》のあいさつを調《しら》べて行こう。

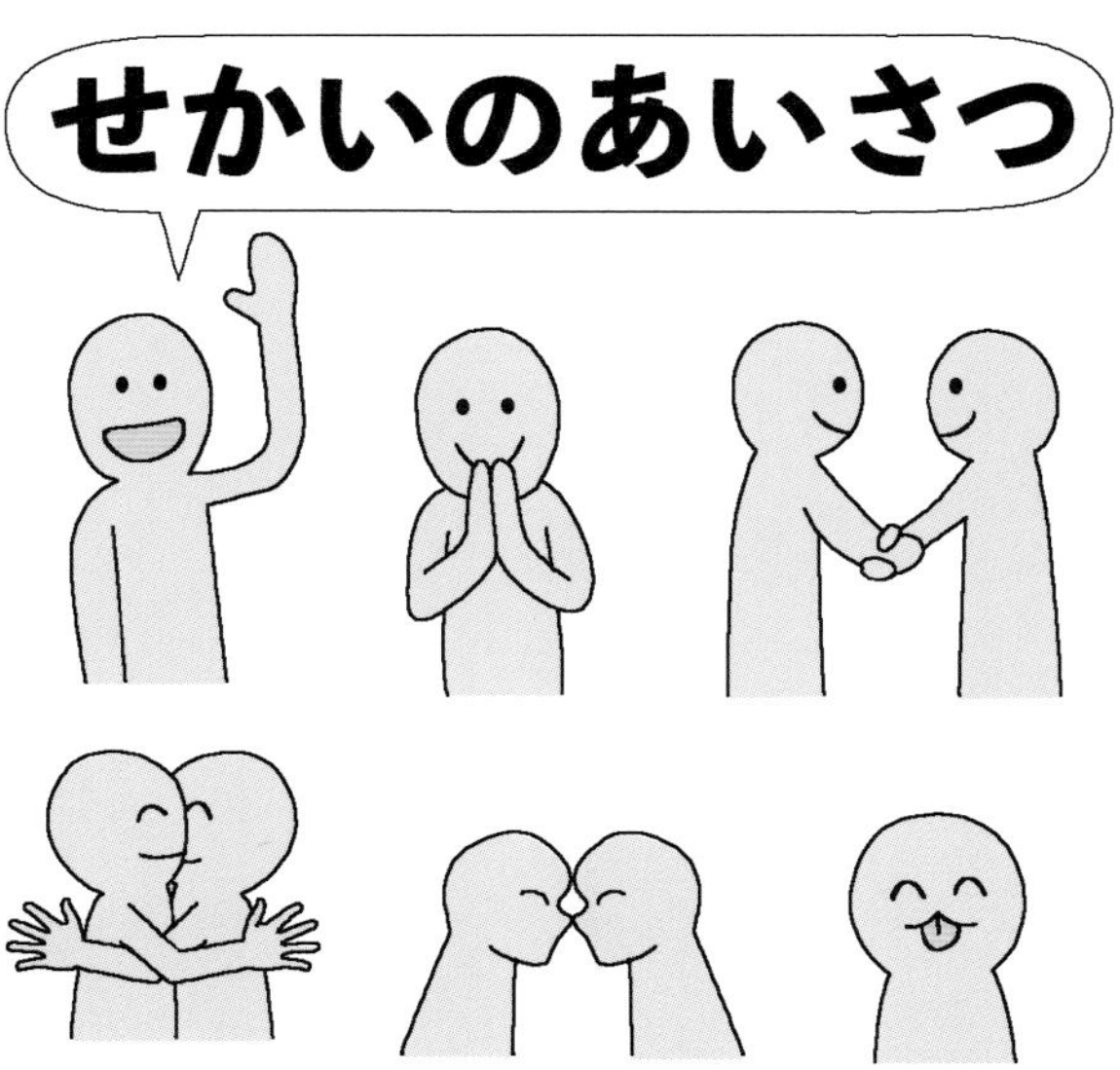

「ありがとう」って言《い》ってる？

▼「ありがとう」は有難《ありが》い

あいさつのなかでも「ありがとう」というのは特別《とくべつ》なあいさつなんだ。それは相手《あいて》のことを大切《たいせつ》に思《おも》う言葉《ことば》、感謝《かんしゃ》をする言葉《ことば》だから。「ありがとう」は「ありがたい」から生《う》まれたんだって。「ありがたい」を漢字《かんじ》で書《か》くと「有難《ありがた》い」になる。つまり、あることが難《むずか》しいから感謝《かんしゃ》の気《き》もちが生《う》まれるんだね。

▼「ありがとう」の反対《はんたい》は？

「ありがとう」の反対《はんたい》の言葉《ことば》はなんだと思《おも》う？　それは「あたりまえ」。あって当然《とうぜん》、ということなんだ。朝起《あさお》こしてもらってあたりまえ、朝《あさ》ごはんができていてあたりまえ、洗《せん》たくもそうじも、してもらってあたりまえと思《おも》っていたら「ありがとう」の気《き》もちは出《で》てこないよね？

ありがとうというと ありがとうが返《かえ》ってくる

自分《じぶん》からありがとうというクセをつけていると、ほかの人《ひと》から「ありがとう」と言《い》われることが増《ふ》えてくるよ。

「ありがとう」は人《ひと》の温《あたた》かい気《き》もちを広《ひろ》げていくとても美《うつく》しい言《こと》葉《ば》。どんどん使《つか》っていこうね。

2 自分《じぶん》の場所《ばしょ》 家族《かぞく》の場所《ばしょ》

毎日《まいにち》いっしょに過《す》ごす家族《かぞく》。「家族《かぞく》だからいいや」って、あまえてしまうこともあるかも？ それができるのも家族《かぞく》だよね。

でも、家族《かぞく》それぞれ、おたがいに、こうしてほしいなと思《おも》うこと、これはイヤだなと思《おも》うこと、あるんじゃないかな。

同《おな》じ家《いえ》で毎日《まいにち》いっしょに過《す》ごすからこそ、家族一人《かぞくひとり》ひとりの思《おも》いに気《き》づいて、おたがいを大切《たいせつ》にする気《き》もちが大事《だいじ》なんじゃないかな？

カレン、使《つか》ったリモコンはちゃんともどして
ママ ミニカー勝手《かって》に動《うご》かさないで！
パパ トイレに新聞《しんぶん》置《お》きっぱなしやめて！
シオン、ぬいだくつはきちんとそろえなさい

？みんなで使《つか》う場所《ばしょ》はどこ？

リビングが荷物《にもつ》でごちゃごちゃ！
おもちゃがかたづいてる。なんで？
弟《おとうと》の後《あと》はトイレがびしょびしょ〜

家《いえ》で家族《かぞく》といっしょに過《す》ごす場所《ばしょ》はどこかな？　みんなでテレビを見《み》たり、ご飯《はん》を食《た》べる部屋《へや》かな？

家族《かぞく》で楽《たの》しく過《す》ごす場所《ばしょ》だからこそ、みんなで気《き》もちよく過《す》ごす部屋《へや》にしたいと思《おも》わない？

洗面所《せんめんじょ》やトイレ、おふろなどは、使《つか》うときは一人《ひとり》だけど、家族全員《かぞくぜんいん》が使《つか》う場所《ばしょ》だよね？　自分《じぶん》の後《あと》に使《つか》う人《ひと》は、気《き》もちよく使《つか》えるかな？

玄関《げんかん》はどうだろう？　家《いえ》を出《で》るとき、だれかのくつをけとばしたり、ふみつけにしてない？　外《そと》から帰《かえ》ったとき、後《あと》から帰《かえ》ってくる家族《かぞく》のために、くつはそろえているかな？

「家族《かぞく》だからちょっとぐらい平気《へいき》」「自《じ》分《ぶん》の家《いえ》だから好《す》きにしていいや」ではなく、家族全員《かぞくぜんいん》が気《き》もちよく使《つか》えるようにするためにはどうしたらいいか考《かんが》えてみよう。

？リビングの使《つか》い方《かた》は？

家族《かぞく》でテレビを見《み》たり、ゲームをしたりする部屋《へや》のことを「リビング（ルーム）」と呼《よ》ぶことがあるよね。

テレビをつけたいな、と思《おも》ったとき、エアコンのスイッチを入《い》れたいな、と思《おも》ったとき、リモコンは決《き》まった場所《ばしょ》に置《お》いてあるかな？ 使《つか》った後《あと》はまた元《もと》にもどしているかな？

リビングで宿題《しゅくだい》をした後《あと》、マンガを読《よ》んだ後《あと》、着《き》がえた後《あと》、自分《じぶん》のものが置《お》きっぱなしになっていないかな？ 家族《かぞく》みんながリビングに自分《じぶん》の物《もの》を持《も》ちこんで、片付《かたづ》けなかったらどうなるだろう？

飲《の》み物《もの》を飲《の》んだり、おやつを食《た》べたりした後《あと》も、ゴミはゴミ箱《ばこ》に、よごれた食器《しょっき》はキッチンに運《はこ》ぶなど、後始末《あとしまつ》は自分《じぶん》でしようね。そのままにしておいたらどうなるだろう？

洗面所《せんめんじょ》の使《つか》い方《かた》は？

洗面所《せんめんじょ》を使《つか》った後《あと》、周《まわ》りがびしょびしょだったり、髪《かみ》の毛《け》が洗面台《せんめんだい》に落《お》ちていたりしていないかな？　ぞうきんやタオルでさっとふいておいたり、髪《かみ》の毛《け》はゴミ箱《ばこ》に捨《す》てておくと、後《あと》の人《ひと》が気《き》もちよく使《つか》えるよ！

自分《じぶん》が使《つか》った後《あと》の洗面所《せんめんじょ》がどうなっているか、毎回《まいかい》気《き》をつけてチェックしてみない？

自分《じぶん》がやらなくてもだれかがやってくれる？　そのだれかはだれだろう？

トイレの使《つか》い方《かた》は？

トイレに入《はい》ったとき、前《まえ》の人《ひと》が流《なが》すのを忘《わす》れていたり、ゆかがびしょびしょだと気《き》もちが悪《わる》いよね？　便器《べんき》がよごれていたら、イヤだなって思《おも》わない？

トイレはよごした人《ひと》がきれいにして出《で》るのが基本《きほん》だよ。

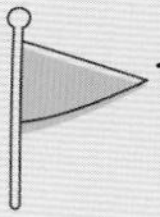

マナティーのアドバイス

自分《じぶん》の家《いえ》のトイレのそうじのしかたって知《し》ってる？　どんなそうじ道具《どうぐ》があるだろう？　一度《いちど》おとなの人《ひと》に教《おそ》わっておくといいね。

自分《じぶん》の部屋《へや》は自由《じゆう》に使《つか》っていいかな？

自分《じぶん》の部屋《へや》だからって何《なに》をしてもいいのかな？　ちらかしたままでもいいのかな？　自分《じぶん》の部屋《へや》を使《つか》うのは自分《じぶん》ひとりだから、好《す》きにしていいと思《おも》う？

でも、ちらかった部屋《へや》で気《き》もちよく過《す》ごせるだろうか。

よごれた部屋《へや》で勉強《べんきょう》に集中《しゅうちゅう》できるかな？　楽《たの》しく遊《あそ》べるかな？　ゆっくり本《ほん》やマンガが読《よ》めるかな？

部屋《へや》の中《なか》に物《もの》があふれていたら、何《なに》をどこに置《お》いたかわからなくなっちゃうよね。何《なに》かしようと思《おも》ったとき、必要《ひつよう》なものがすぐに見《み》つからなくて、探《さが》し物《もの》でむだな時間《じかん》を使《つか》っていない？

ちらかすだけちらかしておいて、自分《じぶん》のへやを家族《かぞく》にそうじしてもらっているっていう人《ひと》はいないよね？　自分《じぶん》の部《へ》屋《や》は自分《じぶん》で整《とと》えるようにしようね。

「元《もと》にもどす」と「捨《す》てる」でスッキリ

ずっときれいな部屋《へや》にしておくポイントはたった二《ふた》つだけ。

「使《つか》ったものは元《もと》にもどす」「いらないものはすぐに捨《す》てる」という二《ふた》つをいしきするだけで、部屋《へや》がちらからないし、よごれないよ。

？家族《かぞく》の一員《いちいん》として　できることは？

それでも、家族《かぞく》だからいいやって思《おも》うことってあるよね。自分《じぶん》がやらなくても、だれかがやってくれるから、そのことについついあまえちゃうんだよね。その気《き》もちも、すごくよくわかる。

でも、だれかがやってくれるとして、その「だれか」は大変《たいへん》じゃない？もし自分《じぶん》がそのだれかだったらどんな気《き》もちになるかな？

家族《かぞく》だからこそ、あまえるところはあまえて、でも、自分《じぶん》ができることをやる、っていうのが大事《だいじ》じゃないかな。自《じ》分《ぶん》が家族《かぞく》のために何《なに》かできることはあるかな？考《かんが》えてみよう。

お母《かあ》さん、ぼくにしてほしいことってある？
お手伝《てつだ》いしてくれるの？うれしい！
そうねえ…
げんかんのそうじ、くつを片付《かたづ》けてからほうきではいてくれる？
あ
階段《かいだん》とリビングにワイパーも
そうだはち植《う》えの水《みず》やり！
まだあるの？
はちの後《うし》ろの窓《まど》もよごれてるし窓《まど》ふきもしてほしいな、窓《まど》わくのほこり取《と》りもついでに、その後《あと》げんかんのたなもね、そうそうくつを片付《かたづ》ける時《とき》に運動《うんどう》ぐつは洗《せん》ざいにつけおきしておけばそうじの後《あと》にすぐ洗《あら》えるね、夕飯《ゆうはん》は肉《にく》じゃがだけどしらたきと玉《たま》ねぎがないから買《か》って来《き》て、あ！ティッシュもついでに他《ほか》には…ヨーグルトとおとうふも、もめんの方ね、買《か》い物《もの》に行くならとちゅうでポストに手紙《てがみ》を入れて
と、いっぱい言《い》ったけどどれがやりたい？
しまった
逃《に》げたか〜

3 身《み》だしなみを整《ととの》える

「身《み》だしなみ」の「身《み》」は、体《からだ》のこと。「たしなみ」というのは、注意《ちゅうい》すること、心《こころ》がけること、という意味《いみ》なんだ。人《ひと》と人《ひと》が気《き》もちよくいっしょにいるために、体《からだ》をきれいにして、感《かん》じよく整《ととの》えることを「身《み》だしなみ」と呼ぶんだよ。

みんなは自分《じぶん》の身《み》だしなみで気《き》をつけていることはあるかな？　家《いえ》の人《ひと》や先生《せんせい》がよく言《い》う「みだしなみ」とはなんだろう？　友《とも》だちはどんなことに気《き》をつけているのかな？

よーし、今日《きょう》はバッチリきまった！

？身《み》だしなみってどんなこと？

歯《は》みがきしないで
学校《がっこう》に行《い》っちゃった
身《み》じたくに時間《じかん》が
かかりすぎ…
寝《ね》ぐせ、なかなか
直《なお》らない～

朝《あさ》ねぼうして、顔《かお》も洗《あら》わず、歯《は》みがきもしないで、あわてて学校《がっこう》に行《い》ったら、どんな一日《いちにち》になるだろう？　なんとなく落《お》ち着《つ》かないんじゃないかな？

しわくちゃの服《ふく》や、昨日《きのう》はいていたどろんこのくつ下《した》をまたはくとしたら気分《きぶん》はどうだろう？　なんとなく、一日中《いちにちじゅう》気《き》もちが悪《わる》いんじゃないだろうか？

「身《み》だしなみ」を整《ととの》えるということは、その日《ひ》の自分《じぶん》の気《き》もちを整《ととの》えることでもあるんだね。どうなっていたら自分《じぶん》が気《き》もちよく一日《いちにち》を始《はじ》められるか考《かんが》えてみようか。たとえば前《まえ》の日《ひ》のうちに、持《も》ち物《もの》や、着《き》るものの準備《じゅんび》をしてから寝《ね》れば、朝《あさ》は落《お》ち着《つ》いてしたくができるかもしれないね。

朝《あさ》、せっかく歯《は》をみがいて顔《かお》を洗《あら》ったんなら、ついでに髪《かみ》の毛《け》と、おまけに、ニコニコ笑顔《えがお》のチェックもしてみたらどうかな？

どうして おふろにはいるのかな？

おふろに入《はい》るのがめんどうだなって思《おも》うことないかな？　それでも、家《いえ》の人《ひと》に「入《はい》りなさい！」って言《い》われて、「えいやっ」って入《はい》ったら、なんかすっきりしたってこと、ないかな？

シャワーやおふろで体《からだ》をきれいに洗《あら》うと、体《からだ》だけじゃなくて、気《き》もちもすっきりさせることができるよ。

ちょっとつかれたな、って思《おも》うときに湯船《ゆぶね》に入《はい》ってのんびりすると、リラックスできるってこともあるよね？

特《とく》に小学生《しょうがくせい》は体《からだ》がぐんぐん成長《せいちょう》する時《じ》期《き》なんだ。だから、汗《あせ》もかきやすいんだ。それにたくさん遊《あそ》んだら、ほこりだらけになっちゃうしね。

寝《ね》る前《まえ》に体《からだ》をきれいにして、パジャマに着《き》がえたら、きっとゆっくりねむれるよ。いい夢《ゆめ》が見《み》られたらいいね！

入《はい》っちゃえばなんてことないんだけどな～
30分前《ふんまえ》
おふろめんどくさーい
ぐずぐず
だらだら

服装《ふくそう》・髪型《かみがた》　おしゃれしたいときは？

小学生《しょうがくせい》だって、おしゃれして、かわいく、かっこよくしたい気《き》もち、あるよね？　家《いえ》では自由《じゆう》にしてもいいけど、学《がっ》校《こう》に行《い》くときはどうかな？　そこにふさわしい服装《ふくそう》や髪型《かみがた》かどうかは考《かんが》えてもいいんじゃないかな？

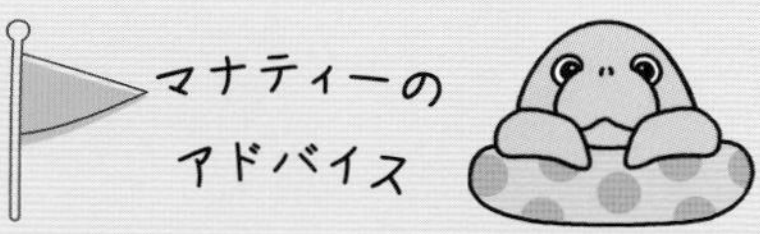

授業《じゅぎょう》のときだけじゃなくて、給食《きゅうしょく》やそうじ、外遊《そとあそ》びの時間《じかん》のことも考《かんが》えてみて。その服装《ふくそう》でだいじょうぶかな？　動《うご》きにくかったり、せいけつじゃなかったら、学校《がっこう》で着《き》るにはふさわしくないのかもしれないよ。

メイク、ネイル　だめかな？

今《いま》は子《こ》ども用《よう》のメイク用品《ようひん》や水《みず》で落《お》とせるネイルもあるから、家《いえ》だけじゃなく、学校《がっこう》にもつけて行《い》きたい気《き》もちになるよね。でも、それって学校《がっこう》ですることなのかな？　みんなはどう思《おも》う？

机《つくえ》に座《すわ》ってする勉強《べんきょう》とか、体育《たいいく》の時間《じかん》とかに、メイクやネイルが気《き》になって集《しゅう》中《ちゅう》できないなら、やめたほうがいいかもしれないね？

おとな用《よう》のメイクやネイルは、子《こ》どもにはよくないものが入《はい》っていることもあるんだって。注意《ちゅうい》しようね。

4 持《も》ち物《もの》は自分《じぶん》でしたくする

学校《がっこう》に持《も》って行《い》く物《もの》ってたくさんあるよね。教科書《きょうかしょ》やノートだけじゃなく、体操服《たいそうふく》や図工《ずこう》で使《つか》う物《もの》も用意《ようい》しなくてはいけない。時間割《じかんわり》に書《か》いていなくても、タブレットや筆箱《ふでばこ》、ハンカチやティッシュも必要《ひつよう》だよね。

そんな持《も》ち物《もの》のしたくを家族《かぞく》に手伝《てつだ》ってもらってない？　手伝《てつだ》ってもらって、足《た》りないものがあったら、家族《かぞく》のせいにしちゃうんじゃない？　そうならないように、自分《じぶん》でできるといいと思《おも》うんだけど、どうかな？

忘《わす》れ物《もの》をするとだれが困《こま》るの？

体育《たいいく》の時間《じかん》に体操服《たいそうふく》を忘《わす》れて「見学《けんがく》しててね」って言《い》われたらガッカリだよね？　着《き》がえないで体育《たいいく》をやっても、動《うご》きにくいし、汗《あせ》だくで次《つぎ》の授業《じゅぎょう》に出《で》るのは気《き》もちよくない。教科書《きょうかしょ》を忘《わす》れたらとなりの人《ひと》に見《み》せてもらうのかな？

マナティーのアドバイス

だれでも忘《わす》れ物《もの》をすることってあるよ。でも、自分《じぶん》のせいで、友《とも》だちにもめいわくをかけちゃうかもしれない。忘《わす》れ物《もの》が多《おお》い人《ひと》は、もしかしたら自分《じぶん》が一番《いちばん》ソンしてるんじゃないかな？

忘《わす》れ物《もの》をしないためにできることは？

まずは自分《じぶん》と「忘《わす》れ物《もの》をしない！」と約束《やくそく》しよう。そしてその約束《やくそく》を守《まも》るにはどうしたらいいか、考《かんが》えよう。次《つぎ》の日《ひ》の持《も》ち物《もの》は連絡帳《れんらくちょう》やタブレットに書《か》いたかな？　次《つぎ》の日《ひ》のしたくがしやすいのはいつ？　ホワイトボードに書《か》いて、入《い》れたものから消《け》していくとか、いろんな工夫《くふう》ができそうだね。

毎日《まいにち》この時間《じかん》に次《つぎ》の日《ひ》のしたくをする！と決《き》めると、どんどんスピードアップできるし、忘《わす》れ物《もの》がなくなるよ！

5 友《とも》だちの家《いえ》に行《い》くとき

みんなは友《とも》だちの家《いえ》に遊《あそ》びに行《い》くことがあるかな？

せっかくさそってもらったんだから、まずは楽《たの》しく遊《あそ》ぶのが第一《だいいち》！

そして「また来《き》てね！」と言《い》われたらうれしいよね？

友《とも》だちの家《いえ》で、どんなふうに過《す》ごしたら、友《とも》だちやその家族《かぞく》から「また来《き》てね」と言《い》ってもらえるのかな？ みんなで考《かんが》えてみよう！

じゃ、ショウヘイの家《いえ》に3時半《じはん》ね
ねえ、自転車《じてんしゃ》で行《い》っていい？
だいじょうぶとめられるよ
ハナん家《ち》ちょっと遠《とお》いもんね

？げんかんでくつをそろえる？

くつがそろっている
と気《き》もちがいいね
いつもお母《かあ》さんが
そろえてくれる…
うちではそのまま
上《あ》がっちゃう！

日本《にほん》の家《いえ》では、げんかんでくつをぬぐことが多《おお》いよね。

だれかの家《いえ》に、何人《なんにん》かで遊《あそ》びに行《い》くとき、みんなが勝手《かって》にくつをぬいで上《あ》がっていったら、どうなるかな？　げんかんがごちゃごちゃにならないかな？

それに、外《そと》に遊《あそ》びに出《で》るときや帰《かえ》るとき、自分《じぶん》のくつがすぐに見《み》つからなくてこまらないだろうか？

じゅんばんに、一人《ひとり》ずつくつをぬいで、そろえて、家《いえ》に上《あ》がるようにしたらどう？　げんかんはきれいに見《み》えるし、もう一回《いっかい》くつをはくときにも、そろっていると、はきやすいんじゃないかな？

げんかんのまん中《なか》はくつをぬいだりはいたりするのに使《つか》うので、そこはあけておいて、ぬいだくつはその両側《りょうがわ》に並《なら》べるといいよ。

※くつのまま家に入るという国もあるよ。ホテルはそうだよね。

？おやつはどうしよう？

遊《あそ》びに行《い》ったとき、おやつを出《だ》してくれることがあるよね。せっかくみんなのために用意《ようい》してくれているのだから、えんりょはしなくてだいじょうぶ！　みんなで楽《たの》しく、おいしくいただこう！

　でも、もしおなかがいっぱいだったり、苦手《にがて》なものを出《だ》されたときは、むりしなくてもいいんだよ。

　とくに、食物《しょくもつ》アレルギーがある人《ひと》は、自分《じぶん》でよくわかっているよね？「○○のアレルギーがあるのですが、食《た》べてもだいじょうぶですか？」と、聞《き》いてみよう。まちがって食べたときに、すごく具合《ぐあい》が悪《わる》くなる人《ひと》は、自分《じぶん》が安心《あんしん》して食《た》べられるおやつを持《も》って行《い》くといいね。

　遊《あそ》びに行《い》くときにおやつを持《も》って行《い》くかどうかは、子《こ》どもどうしだけで決《き》めず、おとなにも相談《そうだん》に乗《の》ってもらおうね。

わー！ありがとうございます
あ、ぼくアレルギーがあって
ちゃんとだいじょうぶなの選《えら》んでるって！
おやつどうぞー
さすがわかってる～
POTATO
おこめのマドレーヌ

？ほかにもいろいろあるよね？

▼遊《あそ》びにおいでとさそわれたときは？

さそわれたらうれしいから、すぐに遊《あそ》びに行《い》きたいよね。でもだまって出《で》かけてしまうと、みんなの家族《かぞく》は心配《しんぱい》するんじゃないかな？「○○ちゃんちに行《い》ってきます」と言《い》っておこうね。

▼家《いえ》の人《ひと》に会《あ》ったらあいさつする？

リビングやろう下《か》でそこの家族《かぞく》に会《あ》ったときには、あいさつしてみよう。ちょっと恥《は》ずかしかったら会釈《えしゃく》（軽《かる》くおじぎ）するだけでもいいのでは？

▼帰《かえ》る時刻《じこく》なのにみんなが盛《も》り上《あ》がっているときは？

もう帰《かえ》らなくてはいけない時刻《じこく》なのに、みんなは盛《も》り上《あ》がっていて帰《かえ》りそうにない。自分《じぶん》だけ帰《かえ》るのはいやだなと思《おも》うこと、あるよね？　そんなとき、どうしたらいいか考えておこう。

家《いえ》ごとにやり方《かた》がちがうかも？

家《いえ》にはそれぞれ、その家《いえ》のきまり、やり方《かた》があるんだよ。家《いえ》の中《なか》でスリッパをはくかどうかとか、家《いえ》にいるときにカギをかけるかどうかなど、その家《いえ》ごとにやり方《かた》が少《すこ》しずつちがうはず。そのちがいも楽《たの》しめるといいね。

こわしたりよごしたりしたら？

私、コップを落《お》として割《わ》っちゃった…
クッションに鼻水《はなみず》を付《つ》けちゃった…
おもちゃをこわしたことがある…

遊《あそ》びに行《い》った家《いえ》の食器《しょっき》やかざってあるもの、置《お》いてあるものなどを、こわしたり、よごしたりしたときには、どうしたらいいかな？

「おこられるかも？」「もう来《こ》ないでって言《い》われたらどうしよう？」など、心配《しんぱい》する気《き》もちが出《で》てくると、かくしておきたくなるよね。

でも、そういうときは、「正直《しょうじき》にうちあける」のが一番《いちばん》いいんだよ。ナイショにしておいても、きっとバレるときがくる。バレなくても、こわしたりよごしたりしたことは自分《じぶん》が知《し》ってるもんね。

かくしていると、バレないかとビクビクして、ずっとイヤな気《き》もちで過《す》ごさなくてはいけないんじゃない？

失敗《しっぱい》はだれにでもあるもの。まずは正《しょう》直《じき》に言《い》って、それから、どうしたらいいか考《かんが》えよう。家《いえ》の人《ひと》にもうちあけて、相《そう》談《だん》に乗《の》ってもらうといいよ。

？トイレは借《か》りてもいいの？

友《とも》だちの家《いえ》で遊《あそ》んでいるとき、トイレに行《い》きたくなったらどうする？

そんなときは、その家《いえ》のトイレを使《つか》わせてもらおう。がまんしていたら、楽《たの》しく遊《あそ》べなくなっちゃうもんね。

ただ、だまって使《つか》うより、ひと言《こと》「トイレを貸《か》してください」と言《い》うと、その家《いえ》の人《ひと》も気《き》持《も》ちよく貸《か》してくれるんじゃないかと思《おも》うよ。

トイレは「貸《か》してもらう」のだから、できるだけきれいにして「返《かえ》す」ことも考《かんが》えようね。

トイレから出《で》るときに、きれいかどうか、一度《いちど》ふり返《かえ》ってみるといいよ。

6 お金《かね》の使《つか》い方《かた》 ため方《かた》

みんなは自分《じぶん》が使《つか》うおこづかいやお金《かね》がどこから来《く》るか知《し》っている?

多《おお》くの人《ひと》は、おうちの人《ひと》が働《はたら》いて、お金《かね》をもらってきているんじゃないかな?

飲《の》んだり食《た》べたりするものはお金《かね》がないと買《か》えない。毎日《まいにち》使《つか》っている電気《でんき》や水道《すいどう》なども、使《つか》った分《ぶん》だけお金《かね》をはらっているよ。

小学生《しょうがくせい》のころから、お金《かね》の使《つか》い道《みち》や増《ふ》やし方《かた》のことを考《かんが》えておくのはとても大切《たいせつ》なことだよ。おうちの人《ひと》とも話《はな》してみよう。

いーじゃん
いーじゃん
アイテムほしいだろ? お金《かね》あるんだし、買《か》っちゃおうよー
ダメ!
みんなで遊《あそ》べるゲームソフトを買《か》うために貯《た》めたお金《かね》だよ!

ほしいものは何《なん》でも買《か》っていいのかな？

みんなはおこづかいをもらってる？おこづかいをもらったら、ワクワクするよね？　あれを買《か》おうかな？これを食《た》べよう！って考《かんが》えるのはとても楽《たの》しいことだと思《おも》うよ。

でも、おこづかいをもらってすぐに全《ぜん》部《ぶ》使《つか》っちゃたら、次《つぎ》のおこづかいまでに欲《ほ》しいものができたとき、ずっとがまんしなくちゃいけないよね？　そんなときのために、全部《ぜんぶ》使《つか》ってしまわずに、少《すこ》し置《お》いておくのもいいかもね。

一回《いっかい》のおこづかいで買《か》えないくらい高《たか》いものがほしいときはどうする？　早《はや》くほしいから、おうちの人《ひと》にお願《ねが》いして買《か》ってもらう？　何《なん》か月《げつ》か先《さき》のおこづかいまで先《さき》にもらっちゃう？

たとえば、今《いま》使《つか》うのをがまんして、少《すこ》しづつお金《かね》を貯《た》めるのはどうだろう？

自分《じぶん》のお金《かね》の使《つか》い方《かた》を記録《きろく》してみよう

お金《かね》をいくもらって、いくら使《つか》ったかを記録《きろく》するために「おこづかい帳《ちょう》」があるよ。今《いま》はスマホのアプリもあるよね？　まずは自《じ》分《ぶん》がどんなふうなお金《かね》の使《つか》い方《かた》をしているか、記録《きろく》して確《たし》かめてみない？

お金《かね》を貯《た》める　お金《かね》を増《ふ》やす

ふだんもらうおこづかい以外《いがい》に、お正《しょう》月《がつ》にもらうお年玉《としだま》や、お祝《いわ》いなどで、お金《かね》をもらうことがあるんじゃない？　そういうまとまったお金《かね》は、銀行《ぎんこう》や郵便局《ゆうびんきょく》などに預《あず》けておくと、むだづかいしないですむよ。

マナティーのアドバイス

しばらく使《つか》う予定《よてい》のないお金《かね》は、「定期預金《ていきよきん》」っていうのにしておくと、「利息《りそく》」といって、お金《かね》が増《ふ》えるよ。預《あず》けておくだけでお金《かね》が増《ふ》えるのってうれしいよね。ほかにお金《かね》を増《ふ》やす方法《ほうほう》ってないかな？

お金《かね》を手《て》に入《い》れる方法《ほうほう》は？

使《つか》わなくなったおもちゃや、使《つか》わない文《ぶん》ぼう具《ぐ》などは、ネットで売《う》ることもできるね。そうやって必要《ひつよう》な人《ひと》に使《つか》ってもらったら、部屋《へや》も片付《かたづ》くし、お金《かね》にもなるし、いいことばっかり！

でも、ネットでのやりとりは子《こ》どもだけでは難《むずか》しいこともあるから、おうちの人《ひと》に相談《そうだん》していっしょにやってもらうといいね。

家《いえ》のことを手伝《てつだ》って、おこづかいをもらうこともできるかな？　おうちの人《ひと》に相談《そうだん》してみたら？

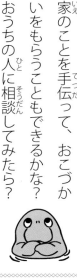

第《だい》2章《しょう》

学校《がっこう》で

学校《がっこう》には
たくさんの子《こ》どもたちや
おとなたちがいるよね？
みんなが気《き》もちよく過《す》ごすために
どんなことに
気《き》をつけたらいいかな？

1 学校《がっこう》でもあいさつは大事《だいじ》

みんなは学校《がっこう》でのあいさつはどうしてるかな？ 朝《あさ》、学校《がっこう》に行《い》って先生《せんせい》や友《とも》だちと会《あ》ったときに「おはようございます」ってあいさつしてる？

毎日《まいにち》会《あ》っているんだから、あいさつは必要《ひつよう》ないと考《かんが》える人《ひと》もいるかもね。でも、自分《じぶん》があいさつされたらうれしくない？ 思《おも》い切《き》って自分《じぶん》からしたら、きっと元気《げんき》が出《で》るんじゃないかな？ あいさつって、されたほうもしたほうも、うれしくなるかもしれないよ。

起立《きりつ》、礼《れい》
おはようございます
今日《きょう》の「おはよう」カウンター、
50!!
やったー
起《お》きたとき
近所《きんじょ》のおばさんに
友《とも》だちに会《あ》うたび
教室《きょうしつ》に入《はい》るとき

? 学校《がっこう》でのあいさつって　どこがちがう？

学校《がっこう》だと恥《は》ずかしくてあいさつできない
元気《げんき》にあいさつできないとダメ？
大《おお》きな声出《こえだ》せばいいんでしょ？

学校《がっこう》にはたくさんの人《ひと》がいるから、一人《ひとり》ひとり全員《ぜんいん》にあいさつするのはめんどくさいっていう人《ひと》もいるかな？　学校《がっこう》にはよく知《し》らない人《ひと》もいるから、あいさつするのがはずかしいって人《ひと》もいるかもしれないね。

でも、あいさつは「あなたを認《みと》めています」っていうことを伝《つた》える方法《ほうほう》だよね。たくさんの人《ひと》にあいさつをすることで、学校《がっこう》の中《なか》でもいい関係《かんけい》が作《つく》れるんじゃないかな？　知《し》らない人《ひと》とも、あいさつをすることで、仲《なか》よくなるきっかけができるかもよ。

はずかしいかもしれないけど、明日学《あしたがっ》校《こう》に行《い》ったら、今《いま》まであいさつしていなかった人《ひと》にもあいさつをしてみてほしいな。相手《あいて》から笑顔《えがお》のあいさつがかえってきたら、きっと自分《じぶん》もうれしくなるはずだよ。「ありがとう」も、いい関係《かんけい》を作《つく》る言葉《ことば》だから使《つか》ってみて。

2 自分《じぶん》で自分《じぶん》を整《ととの》える

みんなは何時《なんじ》に寝《ね》て、何時《なんじ》に起《お》きてる？ 学校《がっこう》では授業《じゅぎょう》のほかに、何《なに》をしてる？ 学校《がっこう》から帰《かえ》ったら何《なに》をする？

人《ひと》が決《き》まってすることを「習慣《しゅうかん》」と言《い》うよ。一度《いちど》習慣《しゅうかん》になると、がんばらなくても自然《しぜん》にできるようになるのが習慣《しゅうかん》。

「いい習慣《しゅうかん》」は体《からだ》と心《こころ》を整《ととの》えて、気《き》もちよく過《す》ごすことを助《たす》けてくれるし、その反対《はんたい》もあるね。「いい習慣《しゅうかん》」はいくつあってもいいんだ。さあ、何《なに》から始《はじ》めてみる？

遊《あそ》びに行《い》く前《まえ》に、連絡帳《れんらくちょう》をチェック！
明日《あした》は、えーと絵《え》の具《ぐ》が…あ！ 白《しろ》がなくなってるんだった

？ 早寝早起《はやねはやお》きできないとダメ？

動画《どうが》を見《み》てると夜《よ》ふかししちゃう
犬《いぬ》の散歩《さんぽ》に行《い》くから早起《はやお》きするよ
何回《なんかい》起《お》こされても起《お》きられない

世界《せかい》の人《ひと》と比《くら》べて、日本人《にほんじん》のすいみん時間《じかん》（夜《よる》ねむっている時間《じかん》）は一番短《いちばんみじか》いらしいよ。すいみんの研究《けんきゅう》をしている人《ひと》が「このぐらい寝《ね》るといいよ」と言《い》っている時間《じかん》より、2時間《じかん》も短《みじか》いんだって！

寝《ね》ている間《あいだ》に脳《のう》の中《なか》では新《あたら》しい部品《ぶひん》が生《う》まれたり、いらないものを消《け》したりするんだって。だから寝《ね》ている時間《じかん》が短《みじか》いと、脳《のう》みその中《なか》がごちゃごちゃになって、体《からだ》にも心《こころ》にもよくないことが起《お》きるということらしい。

たとえば、カゼをひきやすくなったり、なんだかやる気《き》が出《で》なくなったり、おなかが空《す》かないとか、やりたいことがないとか……。そうならないように、ねむる時間《じかん》はしっかりとろうね。

朝早《あさはや》く起《お》きて、おいしくご飯《はん》を食《た》べて、昼間《ひるま》たくさん動《はたら》いて、夜暗《よるくら》いところにいると、自然《しぜん》にねむくなるんだって。試《ため》しに早起《はやお》きからやってみない？

学校《がっこう》のメンバーとしてできることは？

小学校《しょうがっこう》には1年生《ねんせい》から6年生《ねんせい》まで、たくさんの子《こ》どもたちがいるね。その人《ひと》たちがみんなで「好《す》きなことだけ」したらどうなるのかな？

- ろう下《か》を走《はし》りたい人《ひと》はスピードを出《だ》して走《はし》る
- くつ箱《ばこ》にくつを入《い》れるのがめんどくさいから、出入《でい》り口《ぐち》に出《だ》しっぱなしにする
- 校庭《こうてい》で思《おも》いっきりバットをふり回《まわ》したり、サッカーボールを全力《ぜんりょく》でける
- 給食《きゅうしょく》は好《す》きな時間《じかん》に好《す》きなだけ食《た》べる

と、いうふうにしていたら、学校《がっこう》の中《なか》はどうなるかな？

みんなは学校《がっこう》を作《つく》るメンバーの一人《ひとり》だよ。その学校《がっこう》を気《き》もちがいい場所《ばしょ》にするのも、みんな一人《ひとり》ひとりなんだよ。だれかがやってくれる、と思《おも》わないで、自分《じぶん》がメンバーとしてできることを考《かんが》えてみない？

全部《ぜんぶ》がまんしなくてもいいんだよ

みんなのためにと考《かんが》えて、自分《じぶん》の気《き》もちをちょっとおさえて、少《すこ》しがまんすることは大事《だいじ》なこと。だけど、なんでもかんでもがまんしなくてもいいんだよ。自分《じぶん》の気《き》もちも大事《だいじ》にしようね。

自分《じぶん》にできることってなんだろう？

もし、学校《がっこう》で困《こま》っている人《ひと》を見《み》かけたらどうする？　知《し》らない子《こ》だったら、自《じ》分《ぶん》とは関係《かんけい》ないからそのままにする？

でも、ちょっと考《かんが》えてみて。困《こま》っているときにだれも助《たす》けてくれなかったらさみしくない？

落《お》とし物《もの》を見《み》つけたらどうする？　あなたにとってはつまらないものでも、落《お》とした人《ひと》にとってはとても大事《だいじ》なものかもしれないよね？　拾《ひろ》って先生《せんせい》にわたせば、落《お》とした人《ひと》の手元《てもと》にもどりやすいんじゃない？

ゴミを見《み》つけたら、見《み》つけた人《ひと》がゴミ箱《ばこ》に捨《す》てたらいいんじゃないかな？

3 かかりの仕事《しごと》 当番《とうばん》の仕事《しごと》

みんなは学校《がっこう》でどんなかかりや当番《とうばん》をしているのかな？　もしかしたら自分《じぶん》がやりたくないかかりになって、ちょっとイヤだなって思《おも》っている人《ひと》もいるかもね。かかりや当番《とうばん》を「なんでこんなことしなくちゃいけないんだろう？」って考《かんが》えている人《ひと》もいるんじゃないかな？

かかりや当番《とうばん》がなくても、学校《がっこう》で気《き》もちよく過《す》ごせるかどうか、一度《いちど》みんなで話《はな》し合《あ》ってみるといいかもしれないね。

水《すい》そうのそうじは
正直《しょうじき》めんどう
くさいけど、
カメタロウが
かわいいから
がんばる

一人《ひとり》ぐらいサボってもいいかな？

かかりも当番《とうばん》も、一人《ひとり》じゃないから、ちょっとくらいサボってもいいかなと思《おも》うかもしれないね。でも、サボった分《ぶん》はだれがやってくれるのかな？　「自分《じぶん》ひとりくらい」ではなくて、自分《じぶん》がちゃんとやることが大事《だいじ》なんだな、って思《おも》ってみない？　みんながそういう気《き》もちで、まかされたことをやれたらいいよね。

学校《がっこう》では、やらなければいけないことがたくさんあるね。それをみんなで分《わ》けたら早《はや》く終《お》わるんじゃない？

できないときにはどうしたらいい？

自分《じぶん》の当番《とうばん》なんだけど、大事《だいじ》な用事《ようじ》があったり、体調《たいちょう》が悪《わる》い時《とき》もあるよね。そんな時《とき》はだまって帰《かえ》ってしまわないで、必《かなら》ず周《まわ》りの人《ひと》にお願《ねが》いしてから帰《かえ》ろうね。

その当番《とうばん》の仕事《しごと》が、どうしても苦手《にがて》で、できないことがあるかもしれない。そんな時《とき》も、先生《せんせい》や友《とも》だちに相談《そうだん》してみよう。ちゃんと伝《つた》えてわかってもらおうね。

「おねがい！」ってたのむことは悪《わる》いことじゃないよ。その分《ぶん》だれかにたのまれたら、助《たす》けてあげればいいんだよ。

4 給食《きゅうしょく》の時間《じかん》を楽《たの》しく

みんなは給食《きゅうしょく》が好きかな？

おなかがすいているときに、ご飯《はん》を食《た》べるとしあわせな気《き》もちになるよね？　それが、友《とも》だちといっしょだと、もっとうれしい気《き》もちがするんじゃないかな？

でも、みんなで食《た》べるからこそ、気《き》をつけなくちゃいけないこともありそうだね。どんなことに気《き》をつけたら、みんなが楽《たの》しく食《た》べられるかな？　給食《きゅうしょく》が苦手《にがて》だなと思《おも》っている人《ひと》がいたら、それはどうしてだろう？

？ たくさんの人《ひと》がかかわっているって知《し》ってる？

いただきます、はありがとうの気《き》もち
給食《きゅうしょく》を作《つく》る人《ひと》のこと考《かんが》えてなかった
七夕《たなばた》の日《ひ》にはニンジンが星《ほし》の形《かたち》！

学校《がっこう》で出《だ》される給食《きゅうしょく》は、季節《きせつ》やいろどり、栄《えい》ようのバランスなどを考《かんが》えて、作《つく》られているんだよ。

材料《ざいりょう》の肉《にく》や魚《さかな》、野菜《やさい》などは、それぞれ牛《うし》やブタ、トリなどを育《そだ》てる人《ひと》、海《うみ》で魚《さかな》をつかまえる人《ひと》、野菜《やさい》やお米《こめ》を育《そだ》てる人《ひと》など、たくさんの人《ひと》のおかげでみんなのところに来《く》るんだよね。

それを調理《ちょうり》してくれる人《ひと》たちは、みんなが安全《あんぜん》に、安心《あんしん》して食《た》べられるように、せいけつにも気《き》をつかって作《つく》ってくれているよ。

そのだれがいなくなっても、おいしい給食《きゅうしょく》は食《た》べられない。だから、食《た》べるときには「給食《きゅうしょく》があってあたりまえ」じゃなくて、「ありがとう」っていう気《き》もちで食《た》べられたらいいなと思《おも》うんだ。

配《はい》ぜんするときにも、こぼしたり、むだにしないように、ていねいにできるといいね。

給食《きゅうしょく》の時間《じかん》に おしゃべりしてもいいの？

食事《しょくじ》をするときのおしゃべりは「おいしくなるためのスパイス（味《あじ》のアクセントになるもの）」とも言《い》われているよ。

でも、口《くち》の中《なか》に食《た》べものがいっぱい入《はい》っているときに話《はな》したり、ツバを飛《と》ばすのは、あまり気《き》もちいいものではないよね。カゼなどの病気《びょうき》をうつしてしまうこともあるから、飲《の》みこんで口《くち》の中《なか》がきれいになってから話《はな》そう。口《くち》の中《なか》に食《た》べ物《もの》があるときは表情《ひょうじょう》やしぐさで気《き》もちを伝《つた》えるといいね。

また、せっかくの給食《きゅうしょく》がまずくなるような話題《わだい》（おしゃべりのなかみ）や、きたない言葉《ことば》は選《えら》ばないようにしよう。おいしく食《た》べられるような話《はなし》はどんな話《はなし》かな？ 逆《ぎゃく》に給食《きゅうしょく》がまずくなっちゃうような話《はなし》や言葉《ことば》にはどんなものがあるかな？

みんなで考《かんが》えてみよう。

ねー、昨日《きのう》のアニメ見《み》た？
ムググ
今《いま》イカフライかんでるから待《ま》って！
MILK
MILK

苦手《にがて》なものが出《で》てきたら？

みんなには好《す》きな食《た》べものと苦手《にがて》な食《た》べものがあるよね？　おとなでも、何《なん》でも食《た》べられるっていう人《ひと》は少《すく》ないと思《おも》うよ。そしてそれは、悪《わる》いことじゃないし、はずかしいことでもないんだよ。

今《いま》は苦手《にがて》でも、おとなになったら食《た》べられるようになるものもあるだろうし、逆《ぎゃく》に、今《いま》大好《だいす》きでもおとなになったら食《た》べられなくなるものもあるかもしれないもんね。

でも、同《おな》じ苦手《にがて》な食《た》べものでも、料理《りょうり》の仕方《しかた》によって、もしかしたらおいしく食《た》べられるかもしれないよ。それに、食《た》べてみたらおいしく感《かん》じるかもしれないのに、食《た》べないで「苦手《にがて》」って決《き》めつけるのはもったいないよね。苦手《にがて》な食《た》べ物《もの》が給食《きゅうしょく》に出《で》てきたら、ちょっとだけチャレンジしてみない？

給食《きゅうしょく》はチャレンジのチャンス！

給食《きゅうしょく》は苦手《にがて》なものにチャレンジするチャンス！って思《おも》って、一口《ひとくち》だけでも食《た》べてみたらどうかな？

給食《きゅうしょく》で出《で》たからチャレンジしたら、それから食《た》べられるようになったっていう人《ひと》、けっこういるんだよ。

？ 食物《しょくもつ》アレルギーのこと知《し》ってる？

卵《たまご》が入《はい》ったパンを食《た》べて入院《にゅういん》したの
弟《おとうと》はパンの日《ひ》におむすびを持《も》って行《い》くよ
好《す》きキライとはちがうんだね

「食物《しょくもつ》アレルギー」といって、その人《ひと》の体《からだ》にとってよくないものを食《た》べると、具合《ぐあい》が悪《わる》くなる人《ひと》がいるんだ。おなかが痛《いた》くなったり、もどしてしまったり、胸《むね》が苦《くる》しくなったりするんだよ。

アレルギー反応《はんのう》が強《つよ》く出《で》る人《ひと》は、その食品《しょくひん》がちょっとついただけで、呼吸《こきゅう》が苦《くる》しくなって、命《いのち》にかかわることもあるんだ。少しなら平気《へいき》だろうと、ふざけて食《た》べさせるのは絶対《ぜったい》にやめよう。

給食中《きゅうしょくちゅう》に息《いき》が苦《くる》しそうだったり、顔《かお》色《いろ》が悪《わる》くなったりする友《とも》だちがいたら、すぐに先生《せんせい》に伝《つた》えよう。早《はや》く手当《てあて》すればするほど、早《はや》く治《なお》るんだよ。

食物《しょくもつ》アレルギーがある人《ひと》の中《なか》には、給《きゅう》食《しょく》を食《た》べずに家《いえ》からお弁当《べんとう》を持《も》ってくる人《ひと》もいるかもしれない。理由《りゆう》があってそうしているんだから、うらやましがったり、からかったりしないでね。おかずを取《と》りかえるのもやめておこうね。

全部食《ぜんぶた》べられないときは？

前《まえ》は「給食《きゅうしょく》は残《のこ》さず食《た》べましょう」と言《い》われていたけど、今《いま》は無理《むり》して食《た》べなくてもよくなってきているよ。

人《ひと》によって食《た》べられる量《りょう》はちがうし、無理《むり》して食《た》べさせられせると給食《きゅうしょく》がキライになっちゃうもんね？

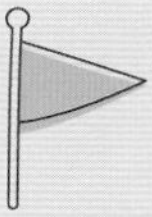

マナティーのアドバイス

自分《じぶん》がたくさん食《た》べられないと思《おも》ったら、配《はい》ぜんのときに減《へ》らしてもらうといいね。体《からだ》が大《おお》きくなって、運動《うんどう》する量《りょう》も多《おお》くなってきたら、自然《しぜん》に食《た》べる量《りょう》も増《ふ》えてくるから、あまり気《き》にしなくてもいいんだよ。

食《た》べる時間《じかん》が短《みじか》いんだけど……？

給食《きゅうしょく》で食《た》べる時間《じかん》が短《みじか》くなるのは、したくに時間《じかん》がかかるからかもしれないね。みんなで力《ちから》を合《あ》わせて、サクッとじゅんびをすませられたら、その分《ぶん》ゆっくり食《た》べられるんじゃないかな？　先生《せんせい》や友《とも》だちに相談《そうだん》してみたらどうだろう。

自分《じぶん》が給食当番《きゅうしょくとうばん》でなくても、協力《きょうりょく》できることがないか、考《かんが》えてみない？

食《た》べものをひと口《くち》30回以上《かいいじょう》かんでゆっくり食《た》べると、栄《えい》ようを体《からだ》に取《と》りこみやすいんだって。脳《のう》みそにもいいらしいよ！

5 みんなで使《つか》う場所《ばしょ》は

学校《がっこう》では、教室《きょうしつ》も、ろう下《か》も、校庭《こうてい》も、体育館《たいいくかん》も、ほとんどの場所《ばしょ》がみんなで使《つか》う場所《ばしょ》だよね。

今《いま》はあなたが一人《ひとり》で使《つか》っている机《つくえ》やいす、ロッカーなども、来年《らいねん》は別《べつ》の人《ひと》が使《つか》うことになるから、やっぱり「みんなのもの」なんだよ。

一年生《いちねんせい》から六年生《ろくねんせい》までが同《おな》じ場所《ばしょ》で勉強《べんきょう》して、先生《せんせい》たちおとなもたくさんいて、その中《なか》で自分《じぶん》は「みんなで使《つか》う場所《ばしょ》」をどう使《つか》ったらいいのか、考《かんが》えてみよう。

一年生《いちねんせい》の机《つくえ》って今《いま》見《み》ると小《ち》さいねえ
1-2
あの中《なか》に、私《わたし》が一年《いちねん》の時《とき》の机《つくえ》もあるのかな
だれ?

自分《じぶん》の教室《きょうしつ》　ほかの教室《きょうしつ》は？

教室《きょうしつ》のカベに大《おお》きな穴《あな》があいてる〜
みんなでカベにサインしたらダメ？
ついついろう下《か》を走《はし》っちゃう。

自分《じぶん》の教室《きょうしつ》は、一年間《いちねんかん》クラスのみんなで使《つか》う場所《ばしょ》。その一年間《いちねんかん》は担任《たんにん》の先生《せんせい》と自分《じぶん》たちで工夫《くふう》して、かざったり、はり紙《がみ》をしたりしていると思《おも》う。

でも、その教室《きょうしつ》は来年《らいねん》別《べつ》のクラスが使《つか》う部屋《へや》になる。カベにらくがきをしたり、傷《きず》をつけたりしたら、来年使《らいねんつか》う人《ひと》たちは気《き》もちよく使《つか》えるかな？　一年間《いちねんかん》は自由《じゆう》に使《つか》ってもいいんだけど、来年次《らいねんつぎ》の人《ひと》たちにゆずるときには、元通《もとどお》りきれいにしてわたせるといいね。

音楽室《おんがくしつ》や理科室《りかしつ》などは、教室《きょうしつ》とちがって、使《つか》う人《ひと》が時間《じかん》ごとに変《か》わるから、使《つか》うたびにきれいして出《で》るようにしよう。

ほかの場所《ばしょ》にうつるときにはろう下《か》や階段《かいだん》を使《つか》うよね？　急《いそ》いでいるときには、つい走《はし》りたくなる気《き》もちはよくわかる。でも、それで人《ひと》とぶつかったらどうなるかな？　だから「ゆっくり歩《ある》いてね」って言《い》われるんだよね。

校庭《こうてい》や体育館《たいいくかん》では？

休《やす》み時間《じかん》や体育《たいいく》の時間《じかん》に校庭《こうてい》や体育館《たいいくかん》に行《い》くと、広《ひろ》くてうれしくなっちゃうよね。ついいつもより動《うご》きが大《おお》きく、はげしくなるかもね。

でも、ふざけすぎて友《とも》だちにぶつかったり、周囲《しゅうい》をよく見《み》ずにボールを投《な》げたりしたら、相手《あいて》をケガさせてしまうことがあるかも？　バットやラケットなどを持《も》っているときには、周囲《しゅうい》に人《ひと》がいないことをたしかめてから使《つか》おうね。

学校《がっこう》には、校庭《こうてい》や体育館《たいいくかん》を使《つか》うときの約束《やくそく》ごとがあると思《おも》うから、まずは自分《じぶん》の学校《がっこう》にはどんなものがあるかを調《しら》べてみよう。そして、どうしてその約束《やくそく》ごとがあるのかも考《かんが》えてみるといいよね。

もし、自分《じぶん》たちがとても使《つか》いにくい、守《まも》りにくいものだったら、みんなで変《か》えることができるかも。相談《そうだん》してみたら？

トイレを使《つか》うときは？

まず、みんなに知《し》っておいてほしいことは、トイレはきたない場所《ばしょ》じゃないってこと。人《ひと》は生《い》きていたら、毎日《まいにち》、何回《なんかい》もトイレに行《い》くよね。一度《いちど》も行《い》かない人《ひと》はいない。そしてそれは恥《は》ずかしいことじゃない。あたりまえのこと。

そのトイレをきたないと感《かん》じるならば、きたなくしているのはだれだろう？

特《とく》に学校《がっこう》のトイレのように、たくさんの人《ひと》が使《つか》う場所《ばしょ》は、一人《ひとり》ひとりが気《き》をつけないと、すぐによごれちゃうんだ。

ペーパーを使《つか》い切《き》ったら、新《あたら》しいのにこうかんしておくとか、便器《べんき》の周《まわ》りを汚《よご》してしまったら、ペーパーで軽《かる》くふいておくとか、してみよう。次《つぎ》の人《ひと》が入《はい》ったときに「こまった！」「きたな～い！」と感《かん》じないように一人《ひとり》ひとりが気《き》をつけられるといいね。

チェック！

ウンチははずかしくない！

学校《がっこう》でウンチをしたくなっても、からかわれるのがいやで、がまんするっていう人《ひと》、いないかな？　でも、からかってる人《ひと》もぜったいにウンチしてるんだよ。みんながあたりまえにすることを、恥《は》ずかしがったりしなくてもいい！

？自分《じぶん》の机《つくえ》やいすは自由《じゆう》に使《つか》ってもいいの？

自分《じぶん》が毎日座《まいにちすわ》る机《つくえ》やいすは、学校《がっこう》から貸《か》してもらっているものなんだよ。だから、返《かえ》すときがくる。そして、その机《つくえ》やいすを、また使《つか》う人《ひと》がいる。

だから、きれいに使《つか》って、きれいにして返《かえ》したいと思《おも》わない？

ただ、たくさんの人《ひと》が使《つか》うものだから、自分《じぶん》が使《つか》っているうちにこわれたり、うっかり汚《よご》してしまったりすることもあると思《おも》うんだ。そんなときは先生《せんせい》に相談《そうだん》してみて。机《つくえ》やいすがこわれたり、汚《よご》れていたり、ガタガタしていたら、勉強《べんきょう》にも集中《しゅうちゅう》できないもんね。

また、一年《いちねん》のうちに体《からだ》がどんどん大《おお》きくなって、机《つくえ》やいすが小《ちい》さく感《かん》じることがあるかもしれない。そんなときも先生《せんせい》に言《い》って、ちょうどいいサイズのものにこうかんしてもらおうね。

学校《がっこう》の机《つくえ》ってみんな同《おな》じなのに、
他《ほか》の人《ひと》の使《つか》うと変《へん》な感《かん》じしない？
わかる～不思議《ふしぎ》だよね

？ らくがきやシールが貼《は》ってあったら？

自分《じぶん》の机《つくえ》にだれかがらくがきをしたり、シールを貼《は》ったりすることがあるかもしれない。気《き》がついたら、自分《じぶん》ではがしたり、消《け》したりしてもいいんだけど、まずは先生《せんせい》に相談《そうだん》してみない？　上手《じょうず》に消《け》したりはがしたりする方法《ほうほう》を教《おし》えてくれるかもよ。

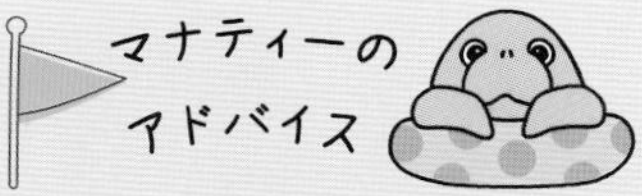

シールをはがすための道具《どうぐ》や洗《せん》ざい、らくがきを落《お》とすための薬《くすり》など、先生《せんせい》が持《も》っているかもしれないよ。子《こ》どもに使《つか》えないものもあるから、先生《せんせい》にやってもらってもいいよね。

？ 物《もの》を運《はこ》んだり、わたしたり、するときには？

重《おも》いものは一人《ひとり》でがんばらずに、みんなで力《ちから》を合《あ》わせて運《はこ》ぶといいね。

相手《あいて》に物《もの》をわたすときには、受《う》け取《と》りやすいように考《かんが》えるといいよ。

特《とく》にハサミはとがったほうを自分《じぶん》に向《む》けて渡《わた》すんだよ。これは相手《あいて》をこわがらせないための気《き》づかいなんだ。

プリントなどを配《くば》るときは、どうしたら相手《あいて》が受《う》け取《と》りやすいかな？

受《う》け取《と》る側《がわ》も、やさしい受《う》け取《と》り方《かた》があるよね。プリントなどはあわてて受《う》け取《と》ると破《やぶ》れちゃうもんね。

6 年上《としうえ》の人《ひと》との接《せっ》し方《かた》

学校《がっこう》にはたくさんのおとながいるよね？　先生《せんせい》だけじゃなく、学校《がっこう》で働《はたら》いている人《ひと》がたくさんいるよ。

どんな人《ひと》がいるか、考《かんが》えてみよう。

家族以外《かぞくいがい》のおとなの人《ひと》たちと接《せっ》するとき、気《き》をつけることはあるかな？　みんなはどんなことに気《き》をつけているだろう？

ふだん、おとなと接《せっ》するときに、家族《かぞく》や先生《せんせい》からどんなことに気《き》をつけなさいと言《い》われているかな？

ALT《エーエルティー》
HELLO《ハロー》!
調理員《ちょうりいん》さん
おいしく食《た》べてね
先生《せんせい》
いつも会《あ》ってるよね
司書《ししょ》さん
図書室《としょしつ》で待《ま》ってるね
おばけのバケツ
学校《がっこう》で会《あ》ったことあるかな？ビンゴ
FREE《フリー》
保健室《ほけんしつ》の先生《せんせい》
ケガ？
ちゃんと手当《てあ》てしよう
事務員《じむいん》さん
校長《こうちょう》ですね、しばらくお待《ま》ちください
校長先生《こうちょうせんせい》
みんな元気《げんき》かな？
カウンセラーさん
いつでも話《はな》しに来《き》てね

? 年上《としうえ》だからえらいの？

思《おも》ってたよりたくさんのおとながいるね
給食《きゅうしょく》の先生《せんせい》がいないとおなか空《す》く〜
恥《は》ずかしいけど、あいさつしてみる

学校《がっこう》にいるおとなの人《ひと》たちは、みんなが安心《あんしん》して、楽《たの》しく学校《がっこう》で過《す》ごせるようにしてくれる人《ひと》たちだよ。

授業《じゅぎょう》をしてくれる先生《せんせい》はもちろん、こわれているところはないか、危《あぶ》ないところはないか、よく見《み》て、整《ととの》えてくれる校《こう》務員《むいん》さんもいるよね。保健室《ほけんしつ》の先生《せんせい》、給《きゅう》食《しょく》の先生《せんせい》などなど、みんな、学校《がっこう》にいる子《こ》どもたちのために働《はたら》いてくれている人《ひと》たちだよ。

学校《がっこう》の建物《たてもの》があっても、そこで働《はたら》いてくれる人《ひと》がいないと、みんなは安心《あんしん》して通《かよ》うことができないんじゃないかな？

だとしたら、まずは「ありがとう」という気《き》もちで接《せっ》してみよう。口《くち》に出《だ》さなくても、心《こころ》で思《おも》っているだけでもきっと伝《つた》わるよ。

勇気《ゆうき》を出《だ》して「ありがとう」と言《い》えたら、きっと、もっと喜《よろこ》んでもらえると思《おも》うよ。

言葉《ことば》づかいで気《き》をつけることは？

敬語《けいご》って知《し》ってる？

日本語《にほんご》には「敬語《けいご》」という言葉《ことば》づかいがあるのを知《し》っている？ これは「あなたを大切《たいせつ》に思《おも》っています」「あなたをそんけいしています」という気《き》もちを表《あら》わす言葉《ことば》なんだ。

先生方《せんせいがた》だけでなく、子《こ》どもがおとなの人《ひと》に話《はな》すときには敬語《けいご》を使《つか》うようにって言《い》われたこと、ないかな？

敬語《けいご》で話《はな》すわけ

自分《じぶん》より年上《としうえ》の人《ひと》、特《とく》に子《こ》どもから見《み》たおとなは、何十年《なんじゅうねん》も長《なが》く生《い》きている人《ひと》たちだよね。だから、いろんなことができるし、いろんなことを知《し》っているんじゃないかな。

そう思《おも》うと、友《とも》だちのようなため口《ぐち》ではなく、少《すこ》していねいに話《はな》したいと思《おも》わない？

チェック！ どこの国《くに》にも敬語《けいご》があるの？

世界《せかい》は196カ国《かこく》※あるけど、敬《けい》語《ご》がない国《くに》のほうが多《おお》いんだよ。年上《としうえ》の人《ひと》や初《はじ》めて会《あ》った人《ひと》でも下《した》の名前《なまえ》やニックネームで呼《よ》びあったりするんだよね。だからといって、年上《としうえ》の人《ひと》をそんけいしてないってことじゃないんだよ。

※ 2024年3月現在　外務省ホームページより

お客様《きゃくさま》として来《く》る人《ひと》もいるのかな？

学校《がっこう》に用事《ようじ》があって来《く》るおとなのひとたちもいるよね。その人《ひと》たちが学校《がっこう》に入《はい》ってきたとき、みんなに知《し》らん顔《かお》されたらさみしくないかな？　にっこり笑《わら》うだけでもいいけど、勇気《ゆうき》を出《だ》して「こんにちは！」って言《い》ってみようよ。

マナティーのアドバイス

初《はじ》めて学校《がっこう》に来《き》た人《ひと》は、職員室《しょくいんしつ》がどこかもわからないよね？　困《こま》っている人《ひと》がいたら案内《あんない》してあげよう。

「あっちです」と指《ゆび》さして案内《あんない》してもいいけど、せっかくなら職員室《しょくいんしつ》の前《まえ》まで連《つ》れて行《い》ってあげよう。

あやしい人《ひと》がいたら？

用事《ようじ》があるわけでもなさそうなのに、学校《がっこう》の中《なか》を歩《ある》き回《まわ》っているおとながいたらどうする？　あやしいな、と思《おも》ったら、子《こ》どもたちだけで何《なん》とかしようと思《おも》わないで、すぐに先生《せんせい》に知《し》らせよう。大声《おおごえ》でどなっていたり、ぼうりょくをふるおうとしている人《ひと》からは、できるだけ遠《とお》くにはなれよう。

どんなおとなの人《ひと》でも、ほかの人《ひと》から見《み》えない部屋《へや》やトイレなどで二人《ふたり》きりになるのはやめようね。案内《あんない》するときも必《かなら》ずだれかといっしょにしよう。

7 クラスメイトとの接《せっ》し方《かた》

みんなのクラスは全部《ぜんぶ》で何人《なんにん》いるかな？　その全員《ぜんいん》となかよし？　苦手《にがて》な人《ひと》もいる？　元気《げんき》な人《ひと》、おとなしい人《ひと》、スポーツが得意《とくい》な人《ひと》、勉強《べんきょう》が得意《とくい》な人《ひと》、音楽《おんがく》が得意《とくい》な人《ひと》、絵《え》をかくのがじょうずな人《ひと》など、いろいろいるよね？

まったく同《おな》じ顔《かお》の人《ひと》がいないように、性格《せいかく》も考《かんが》え方《かた》もひとりひとりみんなちがう？　そのみんなと楽《たの》しくすごすにはどうしたらいいだろう？

みんなは何《なに》の授業《じゅぎょう》が好《す》きかな？
体育《たいいく》で決《き》まり！
給食《きゅうしょく》ーーー!!
やっぱり音楽《おんがく》！
国語《こくご》が好《す》き
算数《さんすう》かな～

どんなクラスメイトと いっしょにいたい？

どんな人《ひと》といっしょにいたら楽《たの》しい？

自分《じぶん》と考《かんが》え方《かた》がにていたり、好《す》きなものが同《おな》じだったりしたら、いっしょにいて楽《たの》しいし、ずっといっしょにいたい気《き》もちになるね。

でも、好《この》みもしゅみも、考《かんが》え方《かた》もちがうけど、なんだか気《き》が合《あ》うっていうクラスメイトもいるんじゃないかな？　不思議《ふしぎ》だよね？

からかわないで聞《き》いてくれる人《ひと》

だれかが失敗《しっぱい》したときにその人《ひと》を笑《わら》ったり、バカにしたりする人《ひと》、意見《いけん》がちがう人《ひと》の話《はなし》を聞《き》かずにもんくを言《い》う人《ひと》と、いっしょにいて楽《たの》しいかな？　相手《あいて》がちゃんと聞《き》いてくれるから、安心《あんしん》して話《はな》せるんじゃないかな？

みんなは友《とも》だちの話《はなし》をよく聞《き》いているかな？

バカにする人《ひと》の心《こころ》の中《なか》

だれかがいっしょけんめいにやっていることを笑《わら》ったり、バカにしたりする人《ひと》の心《こころ》の中《なか》は幸《しあわ》せなのかな？

本当《ほんとう》はその人《ひと》がちゃんと自分《じぶん》のことを聞《き》いてほしいのかもしれないね。どう思《おも》う？

だれかのチャレンジを おうえんするには？

体育《たいいく》の時間《じかん》、鉄棒《てつぼう》の逆上《さかあ》がりやとび箱《ばこ》、なわとびなどにチャレンジすることがあるよね？　そんなとき、友《とも》だちをどんなふうにおうえんしてる？

「がんばれ！」って声《こえ》をかけてあげる人《ひと》が多《おお》いと思《おも》うけど、相手《あいて》によっては「がんばれ」という言葉《ことば》がプレッシャーになることもあるんじゃない？　もう、すごくがんばっているのに「がんばれ」って言《い》われても「これ以上《いじょう》どうがんばるの？」って思《おも》うかもしれないよね。

「きっとできるよ！」「だいじょうぶだよ！」「信《しん》じてるよ！」というのもおうえんの言葉《ことば》だね。

おうえんは、相手《あいて》がしてほしいようにするのがポイント。目《め》の前《まえ》の人《ひと》は、どんなふうにおうえんされたいのかな？　静《しず》かに見守《みまも》るのだっておうえんなんだよ。

あだ名《な》（ニックネーム）は仲《なか》がいいしょうこ？

だれかと仲《なか》よくなったら、おたがいにあだ名《な》で呼《よ》び合《あ》うことがあるよね。自分《じぶん》たちが親《した》しいんだよ、ってたしかめ合《あ》えるから、なんかうれしい気《き》もちになる。あだ名《な》で呼《よ》ぶときは、必《かなら》ず相手《あいて》に「○と呼《よ》んでいい？」と聞《き》いてね。

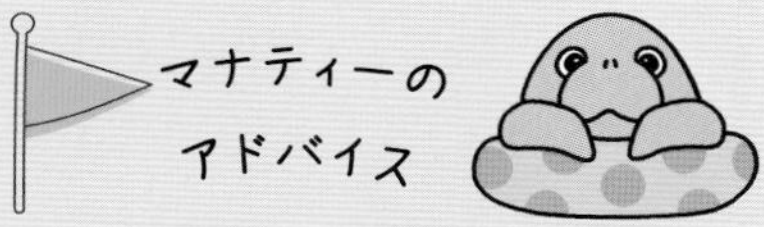

マナティーのアドバイス

「ちび」「でぶ」「のっぽ」など、見《み》た目《め》からあだ名《な》がつくこともあるよね？　でも、そのあだ名《な》、相手《あいて》はイヤがっていないかな？

呼《よ》びやすいあだ名《な》もいいけど、相手《あいて》が呼《よ》ばれたいあだ名《な》を考《かんが》えてみよう。

友《とも》だちには乱暴《らんぼう》な言葉《ことば》づかいでもいいの？

親《した》しいからといって、「お前《まえ》！」「〜しろよ！」なんて強《つよ》い言葉《ことば》を使《つか》われたら、おたがいに気分《きぶん》がトゲトゲしないかな？

自分《じぶん》が言《い》われてイヤな言葉《ことば》は、相手《あいて》も言《い》われたらイヤじゃない？　友《とも》だち同士《どうし》でも、やさしい言葉《ことば》で話《はな》そう。親《した》しいつもりで、相手《あいて》がいっしょけんめいにやっていることを笑《わら》ったりからかったりしないでね。それは傷《きず》つくよ。

乱暴《らんぼう》な言葉《ことば》をかけると、乱暴《らんぼう》な言葉《ことば》が返《かえ》ってくる。言葉《ことば》は心《こころ》のキャッチボールなんだ。

苦手《にがて》な人《ひと》がいるときは？

▼たまたま同《おな》じクラスになっただけ

クラス全員《ぜんいん》と仲《なか》よし！になれたらいいんだけど、じっさいには、なかなかむずかしいよね。

どうしても苦手《にがて》な人《ひと》がいたら、「今年《ことし》はたまたま同《おな》じクラスになっただけ。一年《いちねん》いっしょに過《す》ごすだけ」って考《かんが》えてみたら？

▼苦手《にがて》な人《ひと》には

苦手《にがて》な人《ひと》と無理《むり》して仲《なか》よくする必要《ひつよう》はないけど、だからといって無視《むし》してもいいとは言《い》えないよね？ 相手《あいて》があいさつしてくれたら、こちらもあいさつくらいは返《かえ》そうよ。

人《ひと》の気《き》もちは「鏡《かがみ》」だから、こちらが苦手《にがて》だと思《おも》っていると、相手《あいて》もそう思《おも》うようになるかもしれない。そういうことも、あるんだよ。

苦手《にがて》な人《ひと》のことを知《し》ってみる

苦手《にがて》な人《ひと》でも、相手《あいて》のことを知《し》るとだんだんイヤじゃなくなるってこともあるんだよ。

その人《ひと》が好《す》きなのはどんなもの？ その人《ひと》のいいところはどこだろう？

からかってるの？ いじめてるの？

最初《さいしょ》は軽《かる》い気《き》もちで始《はじ》めた「からかい」も、長《なが》く続《つづ》いたり、ある人《ひと》だけに向《む》けられたり、エスカレートしたりすると、やられている人《ひと》が苦《くる》しくなるよ。自分《じぶん》はそんなつもりはなかったとしても、それは「してはいけないこと」なんだ。相手《あいて》がどう思《おも》うかが大事《だいじ》なんだよ。

友《とも》だちを「いじって」、みんなが笑《わら》ってくれたらうれしいかもしれない。でも、そのいじられた友《とも》だちはどう思《おも》っているのかな？　自分《じぶん》だったらどうかな？

最初《さいしょ》はそんなにイヤじゃなかったけど、くり返《かえ》し言《い》われているうちに段々《だんだん》イヤになって、ガマンしてるかもしれないよ。

8 年下《としした》の子《こ》たちとの接《せっ》し方《かた》

学校《がっこう》のいろいろな活動《かつどう》を、年下《としした》の子《こ》たち（コウハイ）といっしょにすることがあるよね？

自分《じぶん》たちが1年生《ねんせい》のときは、3年生《ねんせい》や4年生《ねんせい》はすごくお兄《にい》さん、お姉《ねえ》さんに見《み》えたし、6年生《ねんせい》なんておとなみたいに見《み》えなかった？

もしかしたら、自分《じぶん》たちより大《おお》きいみんなのことがちょっとこわく感《かん》じてしまうかもしれない。やさしい言葉《ことば》で、ゆっくり話《はな》しかけてあげようね。上級生《じょうきゅうせい》にやさしくしてもらうと、すごくうれしいと思《おも》うよ。

笑顔《えがお》で、こわく見《み》えないように…
今日《きょう》はペアよろしくね
でっかーい!!

？ どんなことに気《き》をつけたらいいかな？

▼コウハイを助《たす》けよう！

小学校《しょうがっこう》に入《はい》ってから今日《きょう》まで、センパイにはいろんな場面《ばめん》で助《たす》けてもらったよね？　こんどは自分《じぶん》がセンパイになったんだから、コウハイを助《たす》けてあげる番《ばん》だよ。困《こま》っているみたいだったら、「だいじょうぶ？」と声《こえ》をかけてあげよう。

コウハイたちが、学校《がっこう》を楽《たの》しいって思《おも》ってもらえるようなお手伝《てつだ》いができるといいね。

▼自分《じぶん》でできるようになるのが目標《もくひょう》

コウハイたちがかわいいからって、何《なん》でも助《たす》けてあげようとするのはちょっと待《ま》って。いつも助《たす》けてくれる人《ひと》がいるわけじゃないし、その子《こ》が一人《ひとり》でできるようになることが目標《もくひょう》だよ。お手本《てほん》を見《み》せてあげて、あとは自分《じぶん》でできるように見《み》守《まも》ってあげられるといいね。

ポイント

そんけいされるセンパイになろう！

コウハイたちに「すごいな」「この人《ひと》みたいになりたいな」と思《おも》ってもらえたらうれしくない？

コウハイにあこがれられたり、そんけいされたりするセンパイになろう！

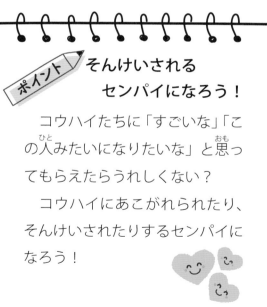

9 ケガをした 具合《ぐあい》が悪《わる》い

学校《がっこう》でケガをしたり、具合《ぐあい》が悪《わる》くなったりしたときはどうする？ 授業中《じゅぎょうちゅう》だったらガマンする？ ケガはもちろん、病気《びょうき》も急《きゅう》に始《はじ》まるよね？

そんなときはガマンせずに、友《とも》だちや先生《せんせい》に伝《つた》えようね。すぐに保健室《ほけんしつ》や病院《びょういん》で手当《てあ》てをしてもらったほうが、早《はや》く治《なお》るよ。

もしケガをしたり、具合《ぐあい》が悪《わる》そうな人《ひと》がいたら、「だいじょうぶ？ どうしたの？」と声《こえ》をかけてあげてね。

休《やす》み時間《じかん》に気持《きも》ち悪《わる》いって
そうなの、朝《あさ》に何《なに》か食《た》べた？
引《ひ》き出《だ》しにかくして忘《わす》れてたまんじゅう…
なるほど…それが悪《わる》くなってたかもね～

ケガをしたときには？

もし友《とも》だちや自分《じぶん》がケガをしたら、血《ち》にはさわらないようにしよう。すぐに水道《すいどう》で流《なが》して、おとなを呼《よ》ぼうね。もし、ころんだり、高《たか》いところから落《お》ちたりして頭《あたま》や体《からだ》を強《つよ》くぶつけたときは、血《ち》が出《で》ていなくてもおとなにしらせてね。

マナティーのアドバイス

これは血液《けつえき》から病気《びょうき》がうつってしまうことがあるからなんだ。だれかが吐《は》いたり、ウンチやオシッコをもらしたときにも、後始末《あとしまつ》はおとなにしてもらおうね。

具合《ぐあい》が悪《わる》いときには？

気《き》もちが悪《わる》かったり、お腹《なか》や頭《あたま》が痛《いた》かったりしたら、ガマンしないで保健室《ほけんしつ》に行《い》こう。授業中《じゅぎょうちゅう》でも、えんりょしないで先生《せんせい》に言《い》おうね。具合《ぐあい》が悪《わる》そうな人《ひと》が自分《じぶん》で言《い》えないときには、代《か》わって伝《つた》えてあげるといいね。

具合《ぐあい》が悪《わる》いときは無理《むり》をしなくてもいいんだよ。無理《むり》をするとよけいに悪《わる》くなるし、周《まわ》りの人《ひと》にも心配《しんぱい》をかけちゃうからね。ゆっくり休《やす》もう。

コラム

みんなちがって　みんないい

「個性《こせい》」や「多様性《たようせい》」という言葉《ことば》を聞《き》いたことがある？おたがいのちがいを認《みと》め合《あ》おうっていうことなんだよ。子《こ》どもでも、おとなでも、この「ちがいをみとめる」っていうことは、本当《ほんとう》に難《むずか》しいことなんだ。

自分《じぶん》がほかの人《ひと》とちがうところ、人《ひと》と比《くら》べてできないところは、恥《は》ずかしいから隠《かく》したくならない？　友《とも》だちのすごいところはただうらやましいだけで、すなおに「すごいね」って言《い》えない気《き》もちはないかな？

でも、もしかしたら、友《とも》だちも人《ひと》とちがうところや弱《よわ》いところを隠《かく》していたり、すごいところだけを見《み》せているのかもしれないよ。

おたがいにありのままでいられないって、なんだかきゅうくつな感《かん》じがするよね。

自分《じぶん》も友《とも》だちも、よくないところをかくさずに、すごいところは「すごいね」「かっこいいね」って言《い》い合《あ》えたら、みんなが楽《らく》になると思《おも》うな。

第《だい》3章《しょう》

街《まち》の中《なか》で

お買《か》い物《もの》をしたり
電車《でんしゃ》やバスに乗《の》ったり
自転車《じてんしゃ》で出《で》かけることもあるね
街《まち》の中《なか》で
おたがいに気《き》もちよく過《す》ごすために
できることはあるかな？

1 列《れつ》に並《なら》ぶこと ゆずり合《あ》うこと

駅《えき》やお店《みせ》、公園《こうえん》など、知《し》らない人《ひと》どうしがみんなで使《つか》う場所《ばしょ》のことを「公共《こうきょう》の場《ば》」と言《い》うんだよ。「公共《こうきょう》の場《ば》」では、気《き》もちよく過《す》ごすための約束《やくそく》ごとがいくつかあるんだ。その一《ひと》つが「順番《じゅんばん》に並《なら》ぶ」っていうことだよ。

電車《でんしゃ》やバス、トイレなどで、みんなが勝手《かって》に入《い》り口《ぐち》におしかけたら、体《からだ》の不自由《ふじゆう》な人《ひと》や病気《びょうき》の人《ひと》は困《こま》っちゃうよね。だから列《れつ》に並《なら》んで、順番《じゅんばん》を守《まも》ることや、困《こま》っている人《ひと》には順《じゅん》番《ばん》をゆずることが大事《だいじ》なんだ。

どうぞお先《さき》に
まあ、ありがとうございます

順番《じゅんばん》に並《なら》ぶのはどうして？

多目的《たもくてき》トイレは絶対《ぜったい》に使《つか》ったらダメ？
小《ちい》さい頃《ころ》泣《な》いてたらゆずってくれた
小《ちい》さい子《こ》に順番《じゅんばん》ゆずったことある

みんなが順番《じゅんばん》に並《なら》ぶのはどういうとき？　給食《きゅうしょく》の配《はい》ぜんをしてもらうときかな？　トイレ？　スーパーで、レジの列《れつ》に並《なら》んだことがある人《ひと》は多《おお》いんじゃないかな？

もし、だれも並《なら》ばなくてバラバラに待《ま》っていたら、先《さき》に来《き》ていた人《ひと》が追《お》いこされたり、次《つぎ》はだれの番《ばん》かもわからなくなっちゃうよね？　だから、順番《じゅんばん》に並《なら》んで、先《さき》に来《き》た人《ひと》が先《さき》に用事《ようじ》をすませることができるようにするんだ。

ただ、トイレで順番《じゅんばん》に並《なら》んでいても「これはピンチだ！」と思《おも》うときがあるでしょ？　そんなときは勇気《ゆうき》を出《だ》して「すみません、先《さき》にさせてもらえませんか？」って言《い》ってもいいんだよ。自分《じぶん》の後《うし》ろに並《なら》んでいる人《ひと》が、すごく困《こま》っているようすなら「お先《さき》にどうぞ」と言《い》ってあげるといいね。

? 行列《ぎょうれつ》に並《なら》ばない国《くに》もあるってほんと?

日本《にほん》ではトイレや電車《でんしゃ》でほとんどの人《ひと》がちゃんと並《なら》んでいるよね? 横入《よこはい》りする人《ひと》って見《み》たことある? 海外《かいがい》から来《き》た人《ひと》が、公共《こうきょう》の場《ば》でおどろくのは、日本人《にほんじん》がきちんと列《れつ》に並《なら》ぶことなんだって。どうしてかというと、列《れつ》に並《なら》ばないのがあたりまえ、という国《くに》もあるから。

そういう国《くに》では、後《あと》から来《き》ても力《ちから》の強《つよ》い人《ひと》が先《さき》に用事《ようじ》をすませたり、割《わ》りこんだりすることもあるんだって。

みんなから見《み》たら「いじわるだ」「ずるい」と感《かん》じるかもしれないけど、そういう国《くに》の人《ひと》たちは「並《なら》ぶ」ということを大切《たいせつ》にしていないだけで、強《つよ》い人《ひと》や割《わ》り込《こ》んだ人《ひと》が弱《よわ》い人《ひと》にゆずってあげることもあるんだよ。世界《せかい》にはいろいろな国《くに》があって、いろいろな文化《ぶんか》や「あたりまえ」があることも知《し》っておこうね。

世界《せかい》を おどろかせた日本人《にほんじん》

日本《にほん》で大《おお》きな地《じ》しんがあったとき、大《おお》きなひがいがあったのに、駅《えき》でちゃんと並《なら》んでいる日本人《にほんじん》の写真《しゃしん》が世界中《せかいじゅう》で話題《わだい》になったよ。「こんな大変《たいへん》なときなのに、きちんと列《れつ》に並《なら》ぶ日本人《にほんじん》はすばらしい」ってほめられたんだ。

？ 早《はや》い者《もの》勝《が》ちにしたらどうなる？

列《れつ》に並《なら》ばないで、早《はや》い者《もの》勝《が》ちにするっていう方法《ほうほう》もあるよね？　それも、一《ひと》つのやり方《かた》かもしれない。

早《はや》い者《もの》勝《が》ちにしたら、「強《つよ》い人《ひと》」が先《さき》に使《つか》える。力《ちから》が強《つよ》い人《ひと》、体《からだ》が大《おお》きい人《ひと》、身分《みぶん》が高《たか》い人《ひと》……。「弱《よわ》い人《ひと》」は後回《あとまわ》しになっちゃう。それでもしかたがない、という考《かんが》え方《かた》だね。

日本《にほん》では多《おお》くの人《ひと》が「並《なら》んだほうがいい」って思《おも》っているから、みんな列《れつ》の後《うし》ろについてきちんと並《なら》ぶんだよね？　それはきっと「弱《よわ》い人《ひと》」でも、「強《つよ》い人《ひと》」でも、同《おな》じように順番《じゅんばん》に使《つか》えるようにしよう！という日本人《にほんじん》のやさしさだね。

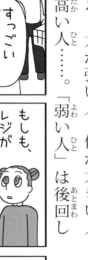

2 道路《どうろ》の歩《ある》き方《かた》

学校《がっこう》に行《い》くとき、遊《あそ》びに行《い》くとき、みんなは道路《どうろ》を歩《ある》いたり、自転車《じてんしゃ》に乗《の》っていくよね？　そして、その道路《どうろ》はたくさんの人《ひと》が同《おな》じように使《つか》うんだよね？

「ちょっとぐらいふざけても平気《へいき》だろう？」と思《おも》ってしたことが、大《おお》きな事故《じこ》につながったり、ほかの人《ひと》にケガをさせてしまうこともあるんだ。

自分《じぶん》もほかの人《ひと》も安心《あんしん》して安全《あんぜん》に道路《どうろ》を使《つか》うには、どうしたらいいかな？

道路《どうろ》はだれのものだろう？

道路《どうろ》を使《つか》っているのは自分《じぶん》一人《ひとり》じゃない。みんなは道路《どうろ》を歩《ある》いたり走《はし》ったりしているとき、周《まわ》りの人《ひと》のことを考《かんが》えてる？

みんなが安心《あんしん》で安全《あんぜん》に道路《どうろ》を使《つか》うには、どうしたらいいんだろう？

マナティーのアドバイス

みんなが道路《どうろ》を安心《あんしん》・安《あん》全《ぜん》に使《つか》うための約束《やくそく》ごとがいろいろあるよ。どんなものがあるか知《し》ってる？　自分《じぶん》と周《まわ》りの人《ひと》を守《まも》るために、約束《やくそく》ごとはできるだけ守《まも》ろう。交通安全教室《こうつうあんぜんきょうしつ》に参加《さんか》してみるのもいいかもね。

あぶないのはどんなこと？

スマホを見《み》たり、ゲームをしながら歩《ある》いていない？　よく見《み》ていないと、急《きゅう》に自転車《じてんしゃ》や車《くるま》が出《で》てきてもよけられないよ。急《きゅう》に車《くるま》のドアが開《ひら》くこともあるし、バックしてくることもあるかもしれないね。特《とく》に夜《よる》はみんなのことを車《くるま》や自転車《じてんしゃ》に乗《の》っている人《ひと》に見《み》つけてもらうことが大事《だいじ》なんだ。どんな工夫《くふう》ができるかな？

夜《よる》は光《ひかり》に反射《はんしゃ》する持《も》ち物《もの》とか、明《あか》るい色《いろ》の服装《ふくそう》をすると、車《くるま》や自転車《じてんしゃ》に乗《の》っている人《ひと》から見《み》つけてもらいやすいよ！

? かさを持《も》って道路《どうろ》を歩《ある》くときには?

帰《かえ》りに止《や》んだら
かさはじゃまだね
折《お》りたたみのかさ
しか持《も》たないの
長《なが》いの持《も》ってると振《ふ》
り回《まわ》したくなるよね

朝学校《あさがっこう》に行《い》くときには雨《あめ》が降《ふ》っていて、帰《かえ》りにはすっかり止《や》んでいることってあるよね? そんなとき、かさを振《ふ》り回《まわ》して歩《ある》いていないかな? 階段《かいだん》やエスカレーターでふり回《まわ》していたら、ちょうどかさの先《さき》が後《うし》ろの人《ひと》の目《め》のところに来《く》るよ。当《あ》たったらどうなるだろう? もし、静《しず》かに持《も》ち歩《ある》く自信《じしん》がないなら、折《お》りたたみのかさにするのもいいかもね。

かさをさして歩《ある》くときには、なるべくほかの人《ひと》にぶつからないように気《き》をつけよう。急《きゅう》にふり向《む》いたり、くるくるふり回《まわ》すと、周《まわ》りの人《ひと》に雨《あめ》のしぶきが飛《と》んで、イヤな気持《きも》ちにさせるかも?

建物《たてもの》や乗《の》り物《もの》の中《なか》に入《はい》るときには、かさについたしずくを軽《かる》くはらってからたたむと、周囲《しゅうい》の人《ひと》や足元《あしもと》をぬらさなくていいよ。やってみて! かさのしずくをはらうときは周《まわ》りに人《ひと》がいないことを確《たし》かめてからにしてね。

交通事故《こうつうじこ》にあわないためには？

道路《どうろ》を歩《ある》いていて、人《ひと》や自転車《じてんしゃ》とぶつかるのも危《あぶ》ないけど、車《くるま》やバイクとぶつかると、大《おお》けがをしちゃうよね。みんなは「自分《じぶん》は交通事故《こうつうじこ》にはあわない」って思《おも》ってるかもしれないけど、日本《にほん》では交《こう》通事故《つうじこ》って一分《いっぷん》に一回《いっかい》起《お》きているんだ。だれでも事故《じこ》にあうおそれがあるんだよ。

車《くるま》やバイクを運転《うんてん》するには「法律《ほうりつ》と交《こう》通《つう》ルール」を勉強《べんきょう》して「免許《めんきょ》」をもらわないといけないよね。車《くるま》やバイクを運転《うんてん》している人《ひと》は、まずは歩《ある》いている人《ひと》たちの安全《あんぜん》を考《かんが》えないといけないと、法律《ほうりつ》や約束《やくそく》ごとで決《き》まっているんだ。人《ひと》が道路《どうろ》を歩《ある》くのに免許《めんきょ》はいらないけど、最低《さいてい》でも、右側《みぎがわ》を歩《ある》く、歩道橋《ほどうきょう》か信号《しんごう》のある所《ところ》で道路《どうろ》をわたる、信号《しんごう》が青《あお》でも、右《みぎ》と左《ひだり》を確《たし》かめてからわたる、など、ちょっとした注意《ちゅうい》で事故《じこ》にあわないですむんだよ。

道《みち》をわたる時《とき》どうして手《て》を上《あ》げるの？
車《くるま》から子《こ》どもは見《み》えづらい
はずかしくていやだと思《おも》ってたけど…
しっかり手《て》を上《あ》げなきゃなんだね

3 買《か》い物《もの》をするときには

みんなはどこで買《か》い物《もの》をする？　おやつを買《か》うのはコンビニかな？　スーパーやドラッグストアに行《い》くのかな？

町《まち》にはいろいろなお店《みせ》があって、いろいろなものを売《う》っているね。

ほしいものを選《えら》んだり、探《さが》して買《か》うのはとても楽《たの》しいことだよね。

楽《たの》しい買《か》い物《もの》が、「がっかり」「ざんねん」にならないように、気《き》をつけることってなんだろう？

あー！これ つっきーが CM《シーエム》してた
Dreamy Chocolate
新商品！
ダメ！！
今日《きょう》は遠足《えんそく》のおやつだけ買《か》うんだから…
見《み》せないで！！

楽《たの》しいからちょっとやり過《す》ぎることない？

たとえば、スーパーのカート。ついつい乗《の》って遊《あそ》びたくならない？　大《おお》きなお店《みせ》にあるエスカレーターやエレベーターも、遊《あそ》びに使《つか》いたくなる気《き》もち、とてもよくわかるよ。

でも、どれも子《こ》どものためのおもちゃではないよね？　遊《あそ》びに使《つか》うのは、ちょっとちがうんじゃない？

買《か》い物《もの》がわくわくするのはおとなも子《こ》どもも同《おな》じ。だから、自分《じぶん》やほかの人《ひと》の楽《たの》しい気《き》もちをこわさないようにしたいよね。

売《う》ってるもの、さわりたいよね？

お店《みせ》に行《い》くと、たくさんのものが並《なら》んでいるね。お客《きゃく》さんが見《み》やすいように、手《て》に取《と》りやすいように、お店《みせ》の人《ひと》がいろんな工夫《くふう》をして並《なら》べているって知《し》っていた？

買《か》う気《き》がないのにベタベタと手《て》でさわったり、ふざけて身《み》に着《つ》けたりすると、本当《ほんとう》にそれがほしい人《ひと》はどんな気《き》もちがするかな？

こわさないように、よごさないように気《き》をつけよう！　見《み》たり試《ため》したりした後《あと》は、元《もと》にもどしておこうね。

？ こわしたりよごしたりしたときは？

買《か》い物《もの》をしているとちゅうで、お店《みせ》のものを落《お》としてこわしたり、よごしたりしたらどうする？　わざとじゃなくても、わりとよくあることだよね。

そんなときは、にげ出《だ》したくなるかもしれない。おこられたり、お金《かね》をはらってって言《い》われたらイヤだなっていう気《き》もちはよくわかるよ。おとなだってそうだもん。

でも、そういうときは、勇気《ゆうき》を出《だ》して、正直《しょうじき》にあやまろう。正直《しょうじき》に言《い》えば、お店《みせ》の人《ひと》はそんなに怒《おこ》らないでいてくれるはず。

もし何《なに》も言《い》わないで帰《かえ》って、ほかの人《ひと》が気《き》がつかないでそれを買《か》って帰《かえ》ったら？　家《いえ》に着《つ》いてから、よごれたりこわれたりしていることがわかったらショックだよね？

べんしょうするときは おうちの人に連絡《れんらく》しよう

とてもねだんが高《たか》いものをこわしたり、よごしたりしたら「べんしょう」といって、お金《かね》をはらわなきゃいけないこともあるよ。お店《みせ》の人《ひと》に話《はな》して、おうちの人《ひと》に連絡《れんらく》をとってもらうようにしようね。

お金《かね》を持《も》ち歩《ある》くときは？

自分《じぶん》のおこづかいで買《か》い物《もの》やゲームをしに行《い》くときには、余分《よぶん》なお金《かね》も持《も》っていきたくなるよね？　でも、たくさん持《も》っていると、つい使《つか》い過《す》ぎちゃわないかな？

「予算《よさん》」といって、行《い》く前《まえ》に何《なに》にどのくらい使《つか》うかをよく考《かんが》えて、いくら持《も》っていくかを決《き》めるといいよ。

「予算《よさん》」をオーバーしちゃうような買《か》い物《もの》は、いったん家《いえ》に帰《かえ》って、ゆっくり考《かんが》えてからにすると、むだづかいも防《ふせ》げるんじゃないかな。

おさいふはバッグの中《なか》などにしっかりしまって歩《ある》こうね。わかりやすいところに入《い》れてあったり、「今日《きょう》はお金《かね》をたくさん持《も》ってるよ！」なんて大《おお》きな声《こえ》で言《い》うと、悪《わる》い人《ひと》にぬすまれるかもしれないからね。

自然《しぜん》に、自然《しぜん》に…リュックに大金《たいきん》なんて入《はい》ってないつもりで…
ギッ
ギッ
ギッ
お年玉
店《みせ》に着《つ》いてゲームを買《か》うまで、いや！家《いえ》に無事《ぶじ》帰《かえ》るまでがミッションだ！

4

エレベーター　エスカレーター

エレベーターやエスカレーターは、体《からだ》が不《ふ》自《じ》由《ゆう》な人《ひと》でも階段《かいだん》を使《つか》わずに移動《いどう》できる、とても便利《べんり》な道具《どうぐ》だよね。

特《とく》にエレベーターは、車《くるま》いすの人《ひと》、おとしよりや、ベビーカーをおしている人《ひと》も、楽《らく》に上《うえ》の階《かい》や下《した》の階《かい》に行《い》けるようにしてくれるものだね。

遊園地《ゆうえんち》の乗《の》り物《もの》みたいで楽《たの》しいけど、遊《あそ》ぶものではないから、使《つか》いたい人《ひと》が使《つか》いたいときに使《つか》えるようにしようね。

？ エスカレーターやエレベーターで遊《あそ》んだことあるかな？

エスカレーターで走《はし》ってて叱《しか》られた
エレベーターのボタン全部《ぜんぶ》押《お》した！
エスカレーター逆走《ぎゃくそう》したことある

エスカレーターを走《はし》って上《のぼ》ったり、下《お》りたりしたことない？　「急《いそ》いでいるから」「楽《たの》しいから」と、軽《かる》い気《き》もちでやったことが、大《おお》きな事故《じこ》につながることもあるんだよ。

走《はし》っている子《こ》どもたちにぶつかって、おとしよりが転《ころ》んだり、転《ころ》がり落《お》ちたらどうなるかな？　だれかの持《も》っている荷《に》物《もつ》に引《ひ》っかかって、たくさんの人《ひと》を転《ころ》ばせてしまったら？

手《て》すりのところから体《からだ》を乗《の》り出《だ》して、はさまれて大《おお》けがをした子《こ》どもが、これまで何人《なんにん》もいたんだよ。

エレベーターのボタン操作《そうさ》はちょっと楽《たの》しいけど、ふざけて「開《かい》」や「閉《へい》」をおしたり、用《よう》のない階《かい》のボタンをおしたりすると、とびらにはさまったり、急《いそ》いでいる人《ひと》を困《こま》らせることになるよ。

安全《あんぜん》に、正《ただ》しく使《つか》うにはどうしたらいいのかな？

だれかのために できることはないかな？

エレベーターの操作盤《そうさばん》（ボタンが並《なら》んでいるところ）の近《ちか》くに立《た》っていたら、ほかの人《ひと》が降《お》りるとき「開《かい》」ボタンをおしてあげよう。自分《じぶん》が乗《の》り降《お》りするときも、だれかがおしてくれていると安心《あんしん》できるよね。足《あし》が不自由《ふじゆう》で歩《ある》くのがおそかったり、ベビーカーや大《おお》きい荷物《にもつ》を持《も》っている人《ひと》は、乗《の》り降《お》りに時間《じかん》がかかるから、ぜひ「開《かい》」ボタンをおしてあげてね。

後《あと》から乗《の》ってきた人《ひと》に「何階《なんかい》ですか？」って聞《き》いてあげるのもかっこいいよ。小《ちい》さな子《こ》の中《なか》には、ボタンをおすのを楽《たの》しみにしている子《こ》がいるかもしれないね。もしボタンをおしたそうにしていたら、場所《ばしょ》をゆずってあげようか。自分《じぶん》が乗《の》るときは、降《お》りる人《ひと》が終《お》わってから乗《の》るようにしよう。

何階《なんかい》に行《い》きますか？
言《い》えた！
6階《かい》おねがいします ありがとう
BABY
Lサイ

エスカレーターは片側《かたがわ》を空《あ》けるの？

エスカレーターに乗《の》っていると、急《いそ》いでいる人《ひと》が片側《かたがわ》を歩《ある》いて上《のぼ》り下《お》りすることがあるよね。そのために片側《かたがわ》を空《あ》けるようにしている人《ひと》もいるかもしれない。これはイギリスの人《ひと》が始《はじ》めて、日本《にほん》でも見習《みなら》うようになったものなんだって。

でも最近《さいきん》は駅《えき》やお店《みせ》で、歩《ある》かずに立《た》ち止《ど》まって乗《の》るようにアナウンスで呼《よ》びかけているね。もともとエスカレーターは歩《ある》くように作《つく》られていないから、転《ころ》んでしまったら、ほかの人《ひと》もまきこんで大《おお》きな事故《じこ》になるおそれがあるからなんだ。地《じ》しんや停電《ていでん》で急《きゅう》に止《と》まったときも、バランスをくずして転《ころ》んでしまうから、危《あぶ》ないんだよね。

まずは自分《じぶん》から、立《た》ち止《ど》まって、手《て》すりにしっかりつかまって乗《の》るようにしてみない？

チェック！

地域《ちいき》でちがう「右《みぎ》」と「左《ひだり》」

片側《かたがわ》を空《あ》けるとき、右《みぎ》を空《あ》けるか、左《ひだり》を空《あ》けるかは、地域《ちいき》によってちがうんだって。関東《かんとう》では右《みぎ》、関西《かんさい》は左《ひだり》を空《あ》けるらしいよ。同《おな》じ日本《にほん》なのにおもしろいね。

5 電車《でんしゃ》やバスを楽《たの》しく利用《りよう》したい

電車《でんしゃ》やバスは、会社《かいしゃ》に行《い》く人《ひと》、学校《がっこう》に行《い》く人《ひと》、お買《か》い物《もの》に行《い》く人《ひと》、遊《あそ》びに行《い》く人《ひと》など、いろんな人《ひと》が利用《りよう》するよね？　こんなふうにいろんなが使《つか》う乗《の》り物《もの》のことを「公共交通《こうきょうこうつう》機関《きかん》」と呼《よ》ぶんだよ。

多《おお》くの人《ひと》が利用《りよう》するものだから、一人《ひとり》ひとりが周《まわ》りの人《ひと》のことを考《かんが》えて、どうするかを決《き》められるといいよね。

電車《でんしゃ》やバスの中《なか》で気《き》をつけることは、どんなことだろう？

？安全《あんぜん》に利用《りよう》するには　どうしたらいい？

▼かけこみ乗車《じょうしゃ》って知《し》ってる？

電車《でんしゃ》のドアが閉《し》まりそうになっているのに、無理《むり》やり乗《の》りこもうとすることだよ。ドアにはさまれてケガをすることもあるし、そのせいで電車《でんしゃ》やバスが時《じ》こく通《どお》りに発車《はっしゃ》できないこともあるんだよ。

次《つぎ》の電車《でんしゃ》を待《ま》とうね！

▼みんなが安全《あんぜん》に乗《の》り降《お》りするためにできることは？

電車《でんしゃ》が駅《えき》に入《はい》ってくるまでは並《なら》んでいるのに、ドアが開《ひら》いたとたん、乗《の》りこもうとする人《ひと》、見《み》たことない？　急《いそ》いで乗《の》らないと座《すわ》れないって思《おも》うのかもしれないね。でも、それでは降《お》りたい人《ひと》とぶつからないだろうか？　体《からだ》の不自由《ふじゆう》な人《ひと》やお年寄《としよ》りにケガをさせちゃわないだろうか？　その駅《えき》で降《お》りたい人《ひと》が降《お》りるまで待《ま》って、並《なら》んだ順《じゅん》にゆっくり乗《の》ろう。

ドアは出入《でい》り口《ぐち》だから

自分《じぶん》が降《お》りたいのに、ドアの前《まえ》に人《ひと》がいるときには、小《ちい》さな声《こえ》でいいから「すみません、降《お》ります」と言《い》うといいよ。

逆《ぎゃく》に自分《じぶん》がドアの前《まえ》に立《た》っているときは、降《お》りる人《ひと》に道《みち》をあけてあげようね。

？ 食《た》べたり飲《の》んだりするときには？

長《なが》い時間《じかん》電車《でんしゃ》やバスに乗《の》るとき、ご飯《はん》やおやつを食《た》べることもあるよね。みんなが降《お》りたあと、その席《せき》に座《すわ》る人《ひと》がいることも考《かんが》えて、なるべく周囲《しゅうい》をきれいにしておこうね。だれかの食《た》べこぼしがあるところに座《すわ》るのはイヤだもんね。

マナティーのアドバイス

乗《の》るのが短《みじか》い時間《じかん》なら、飲《の》んだり食《た》べたりするのは少《すこ》しがまんしよう。電車《でんしゃ》やバスはゆれるから、こぼしたり、ひっくり返《かえ》したりしやすいもんね。駅《えき》についてから、ゆっくり落《お》ち着《つ》いて飲《の》んだり食《た》べたりしよう。

？ いろんな人《ひと》が乗《の》っているから

電車《でんしゃ》やバスの中《なか》には、静《しず》かに過《す》ごしたい人《ひと》もいれば、少《すこ》しねむりたい人《ひと》もいるかもしれないね。ようやくねむったばかりの赤《あか》ちゃんもいるかも？ 具合《ぐあい》が悪《わる》くて病院《びょういん》に通《かよ》う人《ひと》もいるんじゃないかな。周《まわ》りにいる人《ひと》のようすを見《み》て、大声《おおごえ》でおしゃべりしたり、ふざけて歩《ある》き回《まわ》ったりしていいかどうか、考《かんが》えてみようね。

電車《でんしゃ》やバスでのお出《で》かけはうれしいけど、楽《たの》しすぎてふざけると、まわりの人《ひと》がイヤな気《き》もちになるかもしれないよ。

？ その席《せき》が必要《ひつよう》な人《ひと》は近《ちか》くにいないかな？

電車《でんしゃ》やバスには見《み》た目《め》ではわからないけれど、周《まわ》りからの助《たす》けが必要《ひつよう》な人《ひと》が乗《の》っていることがあるよ。それで「ヘルプマーク」（病気《びょうき》の人《ひと》や体《からだ》が不自由《ふじゆう》な人《ひと》）や「マタニティマーク」（赤《あか》ちゃんがいる人《ひと》）など、わかりやすく周《まわ》りに伝《つた》えるマークが考《かんが》えられたんだ。そして、そういう人《ひと》たちが先《さき》に座《すわ》れるように、「優先席《ゆうせんせき》」というのがあるんだよ。優先席《ゆうせんせき》でも、そうでなくても、席《せき》が空《あ》いていればだれでも座《すわ》っていいんだけど、もし近《ちか》くにこういうマークをつけた人《ひと》が立《た》っていたら、勇気《ゆうき》を出《だ》して代《か》わってあげてほしいな。

マタニティマーク

おなかに赤《あか》ちゃんがいる人《ひと》が、「外《そと》からはわからなくても赤《あか》ちゃんがいます」とまわりに知《し》らせるために持《も》っている

おなかに赤ちゃんがいます

おなかが大《おお》きくないのは赤《あか》ちゃんがまだ小《ちい》さいから
赤《あか》ちゃんが小《ちい》さい頃《ころ》の方《ほう》が、ママの体《からだ》はつらいことが多《おお》いんだ

ヘルプマーク

見《み》た目《め》ではわからない病気《びょうき》やしょうがいがある人《ひと》が持《も》っている

心臓《しんぞう》に病気《びょうき》があって、すぐに疲《つか》れてしまいます

6 レストランで食事《しょくじ》するときに気《き》をつけること

家《いえ》で食《た》べるご飯《はん》もいいけど、外《そと》のレストランなどで食《た》べるのも楽《たの》しいよね。これを「外《がい》食《しょく》」って言《い》うんだよ。でも、家族《かぞく》だけじゃない、ほかの人《ひと》もいるところだから、ちょっときんちょうしちゃうかも。

ご飯《はん》って、何《なに》を食《た》べるかも大事《だいじ》だけど、どこで、だれと食《た》べるかも大事《だいじ》だよね？　せっかく外食《がいしょく》するんだから、楽《たの》しく、おいしく食《た》べたいと思《おも》わない？　そのためにできることって、なにがあるのかな？

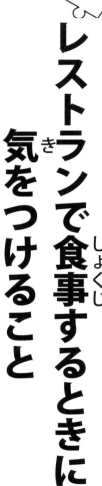

？外食《がいしょく》するのはどんなとき？

外食《がいしょく》って楽《たの》しいよね
何《なに》かあったら外《そと》で食《た》べるかな
ほとんど外食《がいしょく》しないなぁ

みんなが外食《がいしょく》をするのはどんなとき？

日本《にほん》では、家《いえ》でご飯《はん》を食《た》べることが多《おお》いから、たんじょう日《び》とか、何《なに》かの記念《きねん》日《び》に外《そと》で食《た》べる人《ひと》が多《おお》いかもね。あと、お休《やす》みの日《ひ》のランチを外《そと》で、という場合《ばあい》もあるかな。

家《いえ》の人《ひと》がいそがしくて、ご飯《はん》は外食《がいしょく》だよ、という人《ひと》もいるかもしれないけど、ほとんどの人《ひと》にとって外食《がいしょく》は「特別《とくべつ》」なものじゃないかと思《おも》う。

せっかくのお祝《いわ》いの日《ひ》なのに、周《まわ》りでさわいでいる人《ひと》がいたら台無《だいな》しだし、おいしいなと思《おも》って食《た》べているのに、となりの席《せき》から「まずいね」って声《こえ》が聞《き》こえてきたらがっかりしちゃうよね。

外《そと》で食《た》べる時《とき》には、まわりの人《ひと》のことも気《き》にかけて、みんなが気《き》もちよく食《た》べられるようにするといいんじゃないかな。

せっかくの外食《がいしょく》だから、楽《たの》しい思《おも》い出《で》にしたいよね。

食事《しょくじ》の基本的《きほんてき》なマナーってどんなのがあるのかな？

　食事《しょくじ》をするときのマナーにはいろいろあるけれど、出《だ》されたものをおいしく食《た》べるのが一番大事《いちばんだいじ》なマナーだよ。まずそうに食《た》べたり、きたなく食《た》べちらかしたりするのは、作《つく》ってくれた人《ひと》に失礼《しつれい》だもんね。

　ただ、食事《しょくじ》のマナーは国《くに》によってちがうから、「これが正《ただ》しい」とは言《い》いにくいんだ。テーブルを散《ち》らかしたり、料理《りょうり》を残《のこ》すことがマナーの国《くに》もあるし、はしやフォークを使《つか》わないで、手《て》で食《た》べるのが正《ただ》しいマナー、という国《くに》もあるからね。

　日本《にほん》では、おそばを食《た》べるとき、ズズッと音《おと》を立《た》てても気《き》にならないけど、これをマナー違反《いはん》だと感《かん》じる人たちもいるんだって。

　世界《せかい》のマナーのちがいも楽《たの》しめるといいね。

チェック！

おなら　げっぷ　トイレ

　おならやげっぷ、トイレに立《た》つことなど、食事中《しょくじちゅう》のマナーとしてはあまりよくないかもしれない。でも、自然《しぜん》に出《で》ちゃうもの、がまんするのは大変《たいへん》だよね？

　どうしたらいいのかな？

? 自分《じぶん》の周《まわ》りに食《た》べ方《かた》が すてきな人《ひと》はいるかな？

給食《きゅうしょく》のときや、レストランで、周囲《しゅうい》の人《ひと》を見《み》まわしてみよう。あ、この人《ひと》はすてきに食《た》べているなという人《ひと》、いるんじゃないかな？

そんな人《ひと》をみつけたら、まずはまねしてみるといいね。料理《りょうり》のきれいな食《た》べ方《かた》を覚《おぼ》えると、食事《しょくじ》がもっと楽《たの》しくなると思《おも》うよ。

みんなが毎日《まいにち》使《つか》っているおはしも、正《ただ》しい使《つか》い方《かた》をしているととてもきれいに見《み》えるはず。小《ちい》さなお豆《まめ》のようなものも上手《じょうず》につまめるかな？

あらためて正《ただ》しいおはしの使《つか》い方《かた》を調《しら》べてみるといいよ。

う〜 フルコース きんちょうするよう
だいじょうぶ、私《わたし》が 教《おし》えてあげる
スープは 手前《てまえ》から すくうんだよ
食《た》べるのを 休《きゅう》けいする時《とき》は フォークとナイフを ハの字《じ》に置《お》いて
何《なに》か落《お》としたら 自分《じぶん》でひろわないで 人《ひと》を呼《よ》ぶの
すみません
アイス おいしい！
ほんと、おいしいね
お姉《ねえ》ちゃん ステキ だったな
ハナちゃんがステキな お姉《ねえ》ちゃんって
まさか 学校《がっこう》の マナー講座《こうざ》が 役《やく》に立《た》つ日《ひ》が 来《く》るとは…
キンチョー して味《あじ》が わからな かった

7 自転車《じてんしゃ》に乗《の》るときに気《き》をつけること

自転車《じてんしゃ》は楽《たの》しくて便利《べんり》な乗《の》り物《もの》。風《かぜ》を感《かん》じながら走《はし》るのって気《き》もちいいよね？

でも、車《くるま》と並《なら》んで走《はし》ることになるから、歩《ある》いているときより危《あぶ》ないんだよ。そして、事《じこ》故にあったら大《おお》ケガにつながっちゃう。約束《やくそく》ごととマナーを守《まも》って楽《たの》しく乗《の》れたらいいね。

そして、もう一《ひと》つ覚《おぼ》えておいてほしいのは、自転車《じてんしゃ》に乗《の》っていて、人《ひと》にぶつかったら、大《おお》ケガをさせちゃうかもしれないっていうこと。歩《ある》いてる人《ひと》の安全《あんぜん》も考《かんが》えて乗《の》ろう。

？ 自転車《じてんしゃ》は道路《どうろ》の左側《ひだりがわ》を走《はし》るって知《し》ってた？

自転車《じてんしゃ》は車道《しゃどう》（車《くるま》が走《はし》る道《みち》）を通《とお》るのが基本《きほん》。だけど、小学生《しょうがくせい》までは歩道《ほどう》を走《はし》ってもいいことになっているんだ。それは小学生《しょうがくせい》を守《まも》るためのきまりであって、歩道《ほどう》をスピードを出《だ》して自由《じゆう》に走《はし》ってもいいってことではないよ。

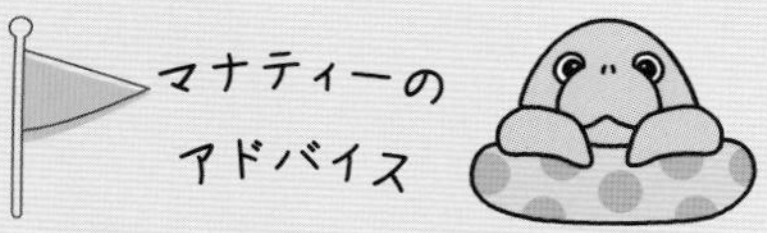

自転車《じてんしゃ》に乗《の》れるようになったら、一度《いちど》安全《あんぜん》な走《はし》り方《かた》を教《おそ》わっておこう。中学生《ちゅうがくせい》になったら車道《しゃどう》を走《はし》ることになるから最初《さいしょ》にちゃんと知《し》っておくといいよね。

警察《けいさつ》などで、安全《あんぜん》な乗《の》り方《かた》を教《おし》えてくれるよ。

？ ヘルメットはつけたほうがいいの？

ヘルメットは頭《あたま》を守《まも》る大事《だいじ》な道具《どうぐ》。頭《あたま》のケガは命《いのち》にもかかわるから、できたら着《つ》けた方《ほう》がいいよ。

自転車《じてんしゃ》に乗《の》るときは、できるだけ目立《めだ》つ服《ふく》を着《き》て、ライトもつけて、車《くるま》からよく見《み》えるようにすると事故《じこ》が防《ふせ》げるよ。

坂道《さかみち》をすごいスピードで下《くだ》っていったらどうなるだろう？

自転車《じてんしゃ》は、軽《かる》くブレーキをかけて止《と》まれるぐらいのスピードで走《はし》るんだよ。そうしたら人《ひと》にぶつかるのも防《ふせ》げるよね。

8 助《たす》けを求められたら？

「道《みち》がわからないんだけど」「駅《えき》まで案内《あんない》してくれ」などと、道《みち》を歩《ある》いていて、話《はな》しかけられたことはない？ そんなときはどうする？

困《こま》っている人《ひと》を助《たす》けてあげるのは、とてもいいことなんだけど、中《なか》にはよくないことを考《かんが》えている人《ひと》がいるんだ。

もちろん、そんな人《ひと》はほんの少《すこ》しなんだけど、知《し》らない人《ひと》から話《はな》しかけられたときは、そういう悪《わる》い人《ひと》もいるんだってことは忘《わす》れないでね。

道順《みちじゅん》を聞《き》いただけじゃむずかしいな〜いっしょに行《い》ってくれる？
えっ…と、
ちょっとこわいな
私《わたし》もよく分《わ》からないから、いっしょに交番《こうばん》に行《い》きましょう
チッ

？ いい人《ひと》と悪《わる》い人《ひと》はどうやって見分《みわ》ける？

残念《ざんねん》だけどいい人《ひと》と悪《わる》い人《ひと》を見分《みわ》ける方法《ほうほう》はないんだ。やさしそうで、おもしろそうで、いい人《ひと》に見《み》えても、悪《わる》いことを考《かんが》えている人《ひと》がいるからね。

もし、知《し》らない人《ひと》に声《こえ》をかけられたら、まずは周《まわ》りのおとなにお願《ねが》いしてバトンタッチしてもらおう。

自分《じぶん》が行《い》ったことのある場所《ばしょ》でも、絶《ぜっ》対《たい》に一人《ひとり》で道案内《みちあんない》をしたり、知《し》らないおとなについていったりしないようにしてね。どうしても困《こま》っているようだったら、近《ちか》くの交番《こうばん》や、駅《えき》など、絶対《ぜったい》におとながいる場所《ばしょ》までいっしょに行《い》くようにしよう。

周《まわ》りにおとながいなかったら、スマホで家《いえ》の人《ひと》に連絡《れんらく》をしてみてもいいかもね。何《なに》かこわいなとか、変《へん》だなと思《おも》ったら、すぐにその人《ひと》からはなれよう。

ポイント　たのまれたらまずおとなをさがそう

たのまれたら、助《たす》けてあげたくなるよね？　そのやさしい気《き》もち、だれかの役《やく》に立《た》ちたいという気《き》もちは、とても大事《だいじ》だよ。でも、それで事件《じけん》に巻《ま》きこまれることもあるんだ。まずは近《ちか》くのおとなにたよってみよう。

9 なんのため？ だれのため？

「バリアフリー」っていう言葉《ことば》を聞《き》いたことがある？ バリアは「カベ」、フリーは「なくす」っていう意味《いみ》なんだよ。からだが不自《ふじ》由《ゆう》だったり病気《びょうき》の人《ひと》にとっては、階段《かいだん》やせまい道《みち》、小《ちい》さな段差《だんさ》も「カベ」になって、出歩《である》くことができないんだって。

段差《だんさ》が上《のぼ》れない人《ひと》のためにスロープを作《つく》るという設備《せつび》のバリアフリーもあるし、上《のぼ》るためにみんなでお手伝《てつだ》いをしてあげるというやさしさのバリアフリーもあるよ。

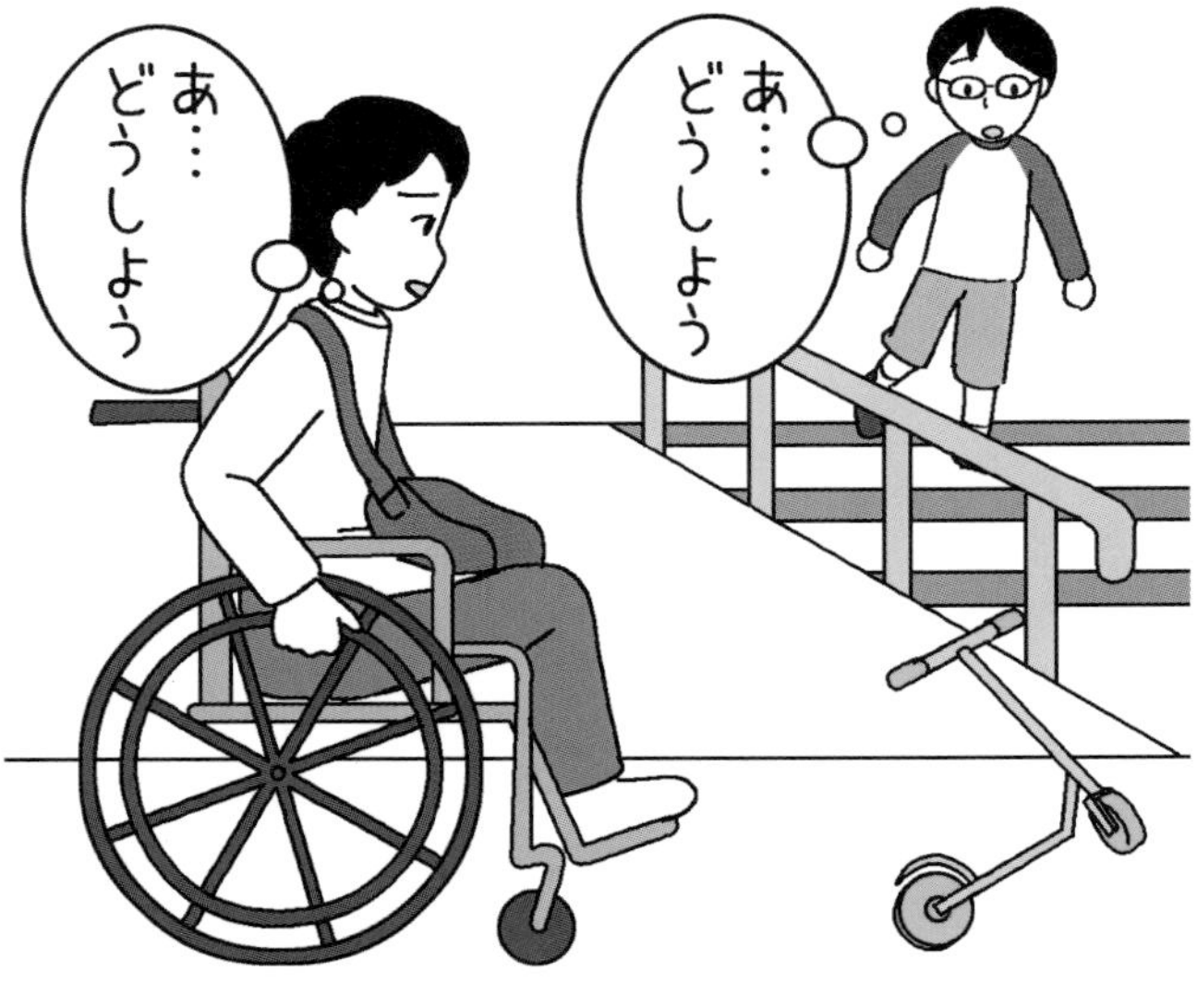
あ…どうしよう
あ…どうしよう

点字《てんじ》ブロック・スロープって？

だれも使《つか》っていないからと、スロープの入《い》り口《ぐち》で立《た》ち止《ど》まっておしゃべりをしていると、通《とお》れなくて困《こま》ってしまう人《ひと》がいるかもしれないよ。目《め》の不自由《ふじゆう》な人《ひと》のためにある、点字《てんじ》ブロックもその上《うえ》に自《じ》転車《てんしゃ》を止《と》めたり、荷物《にもつ》を置《お》いたら、それで歩《ある》けなくなってしまう人《ひと》がいるんだ。

マナティーのアドバイス

街《まち》の中《なか》にはたくさんのバリアフリーのための設備《せつび》があるよ。なぜそこにあるのか、だれのためのものかを考《かんが》えてみない？

優先席《ゆうせんせき》があるわけは？

電車《でんしゃ》の中《なか》で立《た》っているのがつらい人《ひと》ってどんな人《ひと》かな？　体《からだ》の不自由《ふじゆう》な人《ひと》。赤《あか》ちゃんをだっこしている人《ひと》、お年寄《としよ》り、具合《ぐあい》が悪《わる》い人《ひと》……。

そんな人《ひと》たちのためにあるのが優先席《ゆうせんせき》だよ。もし自分《じぶん》が座《すわ》っていたら、優先席《ゆうせんせき》はもちろん、そうでない席《せき》でも困《こま》っている人《ひと》にゆずってあげてね。

本当《ほんとう》は、優先席《ゆうせんせき》なんかなくても、みんなでゆずり合《あ》って座《すわ》れたらがいいよね。みんなでゆずり合《あ》う気持《きも》ちがあれば、全部《ぜんぶ》が優先席《ゆうせんせき》だよね？

コラム

街《まち》にはたくさんの人《ひと》がいる

街《まち》にはどんな人《ひと》がいるかな？　赤《あか》ちゃんからおとしよりまで、年令《ねんれい》だけでもいろいろだよね？

それに外国《がいこく》の人《ひと》もたくさんいる。その人《ひと》たちは、さまざまな文化《ぶんか》や宗教《しゅうきょう》を持《も》つ人《ひと》たちだよね。日本人《にほんじん》はほとんどが黒《くろ》い髪《かみ》だから、それ以外《いがい》の髪《かみ》の毛《け》の色《いろ》を見《み》たら「外《がい》国人《こくじん》！」ってひとくくりにするけれど、髪《かみ》も、目《め》も、肌《はだ》も、本当《ほんとう》にたくさんの色《いろ》があるんだよ。

年令《ねんれい》や国籍《こくせき》と同《おな》じように、ものごとに対《たい》する考《かんが》え方《かた》や感《かん》じ方《かた》もひとりひとりちがうから、自分《じぶん》にとってはあたりまえでも、その人《ひと》にとっては「普通《ふつう》じゃない！」「おかしい！」って感《かん》じることがあるかもしれないね。

「体《からだ》の不自由《ふじゆう》な人《ひと》は車《くるま》いすに乗《の》っている」「肌《はだ》の色《いろ》がちがう人《ひと》は日本語《にほんご》が話《はな》せない」って決《き》めつけてしまうと、大切《たいせつ》なことを見逃《みのが》してしまうかもしれないよ。決《き》めつけずに相手《あいて》のことを知《し》ろうとする気《き》もちを持《も》とう。それが相手《あいて》を大切《たいせつ》にすることにつながるんじゃないかな。

第《だい》4章《しょう》
インターネットの世界《せかい》で

インターネットは、世界中《せかいじゅう》の人《ひと》と
いっしゅんでつながることができる
とても便利《べんり》なものだね
でも、使《つか》い方《かた》をまちがうと
相手《あいて》や自分《じぶん》を傷《きず》つけることもあるんだ
あらためて使《つか》い方《かた》を考《かん》えてみよう

1

自分《じぶん》や家族《かぞく》 友《とも》だちを守《まも》る

インターネットがあると遠《とお》くの人《ひと》ともいっしゅんでつながれる。ゲームも、動画《どうが》サイトも、インターネットがないと楽《たの》しめないね。

でも、だれでも、いつでも、どこからでもつながるものだからこそ、気《き》をつけなくてはいけないことがたくさんあるんだ。場合《ばあい》によっては、自分《じぶん》が傷《きず》ついたり、人《ひと》を傷《きず》つけたりすることもあるんだよ。ネットの約束《やくそく》ごとは、どんどん変《か》わっていくから、常《つね》に新《あたら》しい情報《じょうほう》を確《たし》かめながら安全《あんぜん》に使《つか》おうね。

？写真《しゃしん》を送《おく》ってと言《い》われたら？

ネットで仲《なか》よくなったら送《おく》ってもいい？
勝手《かって》に使《つか》われたら大変《たいへん》だよね！
うちの親《おや》は絶対《ぜったい》にダメって言《い》うよ

ネットで知《し》り合《あ》い、仲《なか》よくなった友《とも》だちから「私《わたし》の写真《しゃしん》はこれだよ！　あなたの写真《しゃしん》も送《おく》って！」と写真《しゃしん》が送《おく》られてきたどうする？　写《うつ》っているのは同《おな》じ年《とし》ごろの小学生《しょうがくせい》だし、せっかく仲《なか》よくなったから、送《おく》ってあげたい気持《きも》ちはわかる。でも、ネットの向《む》こうにいるのは小学生《しょうがくせい》になりすました、悪《わる》い人《ひと》かもしれないんだ。送《おく》った写真《しゃしん》が、よくないことに使《つか》われることもあるから、必《かなら》ずおとなに相談《そうだん》してね。

写真《しゃしん》だけでなく、本名《ほんみょう》（本当《ほんとう》の名前《なまえ》）、住所《じゅうしょ》、電話番号《でんわばんごう》、学校《がっこう》の名前《なまえ》なども、気軽《きがる》に教《おし》えてはいけないよ。

インターネット上《じょう》でやり取《と》りされた写真《しゃしん》や、住所《じゅうしょ》などの情報《じょうほう》はずっと残《のこ》って消《き》えないってことがわかっている。これをデジタルタトゥーっていうんだけど、おとなになるまでこのデジタルタトゥーはできるだけ残《のこ》さないようにしようね。

相手《あいて》が言《い》うことを信用《しんよう》してはいけないの？

インターネットを通《つう》じた世界《せかい》では、実《じっ》際《さい》の相手《あいて》は目《め》に見《み》えないよね？　だから、気軽《きがる》に知《し》り合《あ》えるし、好《す》きなものなど共《きょう》通点《つうてん》があれば学校《がっこう》の友《とも》だちより仲《なか》よくなれることもある。

でも、それを利用《りよう》して、平気《へいき》でウソをつく人《ひと》がいるんだ。小学生《しょうがくせい》と仲《なか》よくなりたいおとなが、小学生《しょうがくせい》のふりをしたり、女《おんな》の子《こ》と仲《なか》よくなりたい男《おとこ》の人《ひと》が、女《おんな》の子《こ》のふりをしたりするんだよ。

もちろん、ほとんどがいい人《ひと》なんだけど、ほんの少《すこ》しだけ混《ま》じっている悪《わる》い人《ひと》との区別《くべつ》がつきにくいから困《こま》っちゃうよね。まだネットとの付《つ》き合《あ》い方《かた》に慣《な》れていない小学生《しょうがくせい》は、相手《あいて》から会《あ》おうと言《い》われたり、名前《なまえ》や住所《じゅうしょ》を教《おし》えてと言《い》われても、自分《じぶん》で判断《はんだん》しないで、必《かなら》ず身近《みぢか》なおとなの人《ひと》に相談《そうだん》しようね。

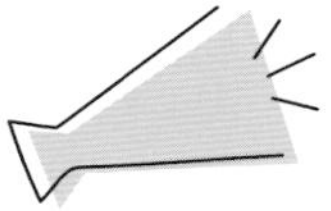

自分《じぶん》の世界《せかい》を広《ひろ》げる道具《どうぐ》でもある

ネットはふだん会《あ》えない人《ひと》と知《し》り合《あ》えたり、世界中《せかいじゅう》のどこの国《くに》の人《ひと》でもつながることができるすてきな道具《どうぐ》でもあるよね。安全《あんぜん》に便《べん》利《り》に使《つか》って自分《じぶん》の世界《せかい》を広《ひr》げよう。

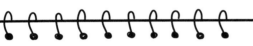

？アンケートは だれがやってるの？

「小学生限定《しょうがくせいげんてい》のアンケート」に答《こた》えるとプレゼントがもらえるとか、「あなたの性格《せいかく》はどんなタイプ」という性格《せいかく》テストみたいなものが友《とも》だちから送《おく》られてきたりするよね？　軽《かる》い気《き》もちで参加《さんか》しちゃうけど、名前《なまえ》やメールアドレスを聞《き》き出《だ》して悪《わる》いことに使《つか》われたり、ラインなどのアカウントを乗《の》っ取《と》られちゃうこともあるんだよ。

後《あと》からお金《かね》をはらってって言《い》われることもあるんだって！

みんながやってるから参加《さんか》したい！　という気《き》もちもわかるけど、やりたかったらおとなの人《ひと》に相談《そうだん》してからにしよう。

ネットで楽《たの》しい占《うらな》い見《み》つけたよ！　本名《ほんみょう》とか教《おし》えなくても SNS《エスエヌエス》のアカウントで占《うらな》ってくれるんだ
へえー　いいかも！
本名《ほんみょう》じゃないのが安心《あんしん》でいいね～　さっそく…
ハナー　カレンちゃんから電話《でんわ》
はーい
もしもし、どうしたの？　今《いま》、教《おし》えてくれた占《うらな》い
それ！！　絶対《ぜったい》やっちゃダメ！！
有料《ゆうりょう》のアドバイスを受《う》け取《と》れってメッセージがしつこく来《く》るの…
ママにすごくおこられて、タブレットぼっ収《しゅう》された
えーっ

2 文字《もじ》だけのやりとり

ネット上《じょう》でのやりとりは「文字《もじ》」が中心《ちゅうしん》になるよね？　顔《かお》が見《み》えたり、声《こえ》が聞《き》こえたりしないから、気《き》もちがすれちがったり、思《おも》っていることがうまく伝《つた》わらなかったりすることが多《おお》いんだ。

そうならないためには、ちょっと練習《れんしゅう》が必要《ひつよう》だよ。

本当《ほんとう》に身近《みぢか》で、顔《かお》を見《み》て話《はな》せる人《ひと》なら、直接会《ちょくせつあ》って行《い》きちがいをなくしていけるから、そういう人《ひと》からやりとりしてみない？

エグぅ
無理《むり》ゲー
草《くさ》
wwww
なくね？
キモ
ヲワた
ディスる
しゃべる時《とき》はふつうなのにな〜
読《よ》んでてつかれる…

？既読《きどく》にならないのが気《き》になる？

気《き》がつかないこと
多《おお》いんだ
うちは夜《よる》になった
らスマホ禁止《きんし》
読《よ》んでもらえたか
どうか気になる

ラインなどのメッセージを送《おく》るアプリは、相手《あいて》が読《よ》んだ（既読《きどく》）かどうかがわかるようになってるよね？　だから、「送《おく》ったラインが既読《きどく》にならない」とか、「既読《きどく》になったのに返信《へんしん》が来《こ》ない」なんて、気《き》にしちゃう人《ひと》も多《おお》いんじゃないかな？

でも、一日中《いちにちじゅう》スマホを見《み》てる人《ひと》なんかいないよね？　何《なに》か用《よう》があって、スマホが見《み》られないこと、音《おと》を消《け》していたりして、メッセージが届《とど》いたことに気《き》づかないこともあるんじゃないかな？　一度目《いちどめ》を通《とお》したけど、すぐに返事《へんじ》ができないこともあると思《おも》うよ。

だから、既読《きどく》にならなくても、既読《きどく》スルーされたとしても、今《いま》は用《よう》があるのかな？　きっといそがしいんだろうな、と気楽《きらく》に考《かんが》えていこう！

自分《じぶん》も急《いそ》いで返信《へんしん》しなくちゃ！なんて思《おも》わなくてもいいんだよ。

どうして返信《へんしん》してくれないの？って言《い》われたら？

もし、友《とも》だちから「なんですぐに返信《へんしん》してくれないの？」って、ちょっと責《せ》められる感《かん》じになっても、それも気《き》にしなくていいんだよ。

自分《じぶん》なりの事情《じじょう》があるなら、それをちゃんと伝《つた》えてわかってもらうといいよね。家《いえ》でスマホを使《つか》う時間《じかん》が決《き》まっているとか、習《なら》いごとやじゅくでスマホを見《み》られない時間《じかん》があるとか、正直《しょうじき》に話《はな》して、「それでもよかったら送《おく》ってね」と言《い》ってみたら？

友《とも》だちは友《とも》だちで、「返信《へんしん》がないのはきらわれてるからかな？」と心配《しんぱい》しているのかもしれないよ。そうじゃないことがわかったら、安心《あんしん》してくれるんじゃないかな。

大変《たいへん》だなと思《おも》いながらやりとりしてたら、楽《たの》しくなくなっちゃうよね？

デジタルデトックスって知《し》ってる？

　しょっちゅうスマホをさわっていないと安心《あんしん》できなかったり、ちょっと時間《じかん》があると動画《どうが》サイトを見《み》ちゃったりする人《ひと》が増《ふ》えているんだって。だから、わざわざスマホやパソコンからはなれる時間《じかん》を作《つく》ろう、というのがデジタルデトックスという考《かんが》え方《かた》だよ。

　ラインの通知《つうち》にじゃまされないで、ゆっくり本《ほん》を読《よ》んだり、考《かんが》えごとをしたりする時間《じかん》も、とてもいいものだよ。絵《え》をかいたり、好《す》きな音楽《おんがく》を聞《き》いたりしてもいいよね。

　アニメや動画《どうが》より、文字《もじ》だけの本《ほん》のほうが心《こころ》の中《なか》でいろんなイメージがわいて楽《たの》しめるってこともあるんじゃないかと思《おも》う。最初《さいしょ》は一時間《いちじかん》ぐらいでもいいから、スマホの電源《でんげん》を切《き》るようにしてみたらどうだろう。

寝《ね》る前《まえ》にスマホを見《み》るのをやめてみる

　寝《ね》る前《まえ》にスマホを見《み》るのをやめたら、目《め》のつかれがとれて、脳《のう》が休《やす》まり、ゆっくりねむれるようになるんだって。

　まずはベッドやお布団《ふとん》にスマホを持《も》っていくのをやめてみようか。

3

ネットの情報《じょうほう》はみんな正《ただ》しいとはかぎらない

みんなは毎日《まいにち》たくさんの「情報《じょうほう》」に出会《であ》うよね。ニュースや天気予報《てんきよほう》、学校《がっこう》での勉強《べんきょう》、友《とも》だちからの話《はなし》。最近《さいきん》では、それにプラスして、ネットからの情報《じょうほう》も気軽《きがる》に手《て》に入《はい》るようになってきた。

でも、その情報《じょうほう》は全部正《ぜんぶただ》しいのかな？　考《かんが》えてみたことがある？　特《とく》にネットの世界《せかい》には、「本当《ほんとう》みたいに見《み》えるウソ」がたくさんあるよ。ウソの情報《じょうほう》を広《ひろ》められて、とても苦《くる》しい思《おも》いをしている人《ひと》もいるんだよ。

ネットで小学校《しょうがっこう》の校庭《こうてい》にクマが出《しゅつ》ぼつしたという、フェイク動画《どうが》が…
ええっ、これウソなの？
拡散されたフェイク動画
フェイク動画どう見やぶる

本当《ほんとう》のことだったら広《ひろ》めてもいいのかな？

本当《ほんとう》のことならいいって思《おも》ってた
面白《おもしろ》かったらいいと思《おも》ってたよ
自分《じぶん》や家族《かぞく》のことだったらいやだな

ウソの情報《じょうほう》を広《ひろ》められて苦《くる》しい思《おも》いをしている人《ひと》がいるよ、って書《か》いたけど、本当《ほんとう》のことならどんどん広《ひろ》めてもいいのかな？　友《とも》だちの失敗《しっぱい》やはずかしい姿《すがた》をとった写真《しゃしん》や動画《どうが》は広《ひろ》めてもいい？

学校《がっこう》でふざけてやったことを動画《どうが》にとってアップしたら、その時《とき》はみんなが喜《よろこ》んで見《み》てくれたとしても、一度《いちど》ネット上《じょう》にアップしたら完全《かんぜん》に消《け》すことができずにいつまでも残《のこ》るんだ。おとなになってから、小学生時代《しょうがくせいじだい》のはずかしい動画《どうが》が、まだネット上《じょう》に残《のこ》っているってわかったら、どうかな？　それが自分《じぶん》だったら？　大切《たいせつ》な友《とも》だちだったら？

失礼《しつれい》なことや、悪《わる》いことをした人《ひと》をこらしめてやろうと、だれかがアップした動画《どうが》も同《おな》じだよ。その人《ひと》が反省《はんせい》しても、動画《どうが》がずっと残《のこ》り続《つづ》けるとしたら、どう思《おも》う。それが自分《じぶん》だったら？　それでも広《ひろ》めちゃう？

来《き》たメールやメッセージは転送《てんそう》してもいい？

友《とも》だちから送《おく》られてきたメールやメッセージ、写真《しゃしん》や動画《どうが》は、その人《ひと》が「いいよ」って言《い》っていないのに、転送《てんそう》（ほかの人《ひと》に送《おく》ること）しないようにしよう。

友《とも》だちはあなただから送《おく》ってくれたのかもしれない。ほかの人《ひと》には見《み》られたくないかもしれないよね？

たとえそれがいい写真《しゃしん》、うれしいメッセージだったとしても、ほかの人《ひと》に見《み》せるときにはひとこと「きれいだから転送《てんそう》してもいい？」「ほかの人《ひと》にも見《み》てほしいから転送《てんそう》してもいい？」と聞《き》いてみよう。

特《とく》にSNS《エスエヌエス》などにアップしてしまうと、あとから「困《こま》る。消《け》してよ〜！」と言《い》われても、完全《かんぜん》には消《け》せないんだ。よくよく考《かんが》えて、ちゃんと許可《きょか》をもらってからにしよう！

小学生が登録してもいいのかな？

ほとんどのＳＮＳ《エスエヌエス》では、登録《とうろく》できる年令《ねんれい》が○歳以上《さいいじょう》、と決《き》められているよ。ウソの年令《ねんれい》で登録《とうろく》すると、そのきまりに違反《いはん》していることになるんだ。自分《じぶん》が登録《とうろく》しているサイトや、ＳＮＳ《エスエヌエス》はどうだろう？

？ 友《とも》だちならパスワードを教《おし》えてもいいの？

ネットゲームなどにログインするためにはパスワードが必要《ひつよう》だよね。このパスワードは、どんなに仲《なか》がいい友《とも》だちにも教《おし》えてはいけない、自分《じぶん》だけの大切《たいせつ》なカギだよ。パスワードをみんな同《おな》じものにしたら覚《おぼ》えやすいけど、そうしたら、パスワードを一《ひと》つぬすまれたら、全部《ぜんぶ》のカギが開《あ》いてしまうことになるよね？　これはとても危《あぶ》ないことなので、できればサイトごとに、細《こま》かく変《か》えておくといいよ。

サイトを運営《うんえい》している人《ひと》などを名乗《なの》ってパスワードを聞《き》き出《だ》そうとする人《ひと》もいるよ。絶対《ぜったい》に教《おし》えないでね。

4 会員登録《かいいんとうろく》をするときには

あなたはインターネットで会員登録《かいいんとうろく》をしたことがある？　ネットの会員登録《かいいんとうろく》は気軽《きがる》にできるけど、名前《なまえ》やメールアドレス、住《す》んでいる場所《ばしょ》など、相手《あいて》に大切《たいせつ》な情報《じょうほう》をあずけることになるんだ。

もしかするとあなたの登録《とうろく》した情報《じょうほう》が、よくないことに使《つか》われたり、だれかに乗《の》っ取《と》られたりするかもしれない。

会員《かいいん》になる時《とき》は、おとなに相談《そうだん》して、本当《ほんとう》に安全《あんぜん》なのかを確《たし》かめてから登録《とうろく》をしよう。

え？当《あ》たった？
イヒヒ
個人情報《こじんじょうほう》いただき～
応《おう》ぼしてないけど当《あ》たった！
おめでとうございます！！
この通知《つうち》が届《とど》いた
あなただけの特典《とくてん》
入会費無料《にゅうかいひむりょう》クーポン
プレゼント

？「今だけお得《とく》！」「今回限《こんかいかぎ》り！」だから登録《とうろく》したいよね？

一人《ひとり》でも多《おお》く会員登録《かいいんとうろく》してほしい人《ひと》たちは、「今《いま》なら無料《むりょう》！」とか「入会《にゅうかい》プレゼント！」なんて、「早《はや》く登録《とうろく》しないとソンする！」ってさそってくるよ。それ、本当《ほんとう》におトクなのかな？　落《お》ちついて考《かんが》えてみよう。

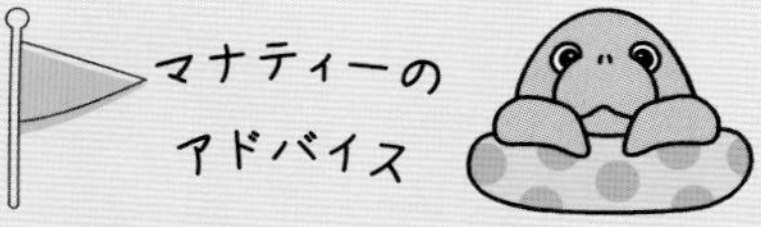

マナティーのアドバイス

「おトクなプレゼント」なんてウソで、ただ名前《なまえ》や住《じゅう》所《しょ》、メールアドレスを知《し》りたいだけかもしれない。そのサイトをやってるのは本《ほん》当《とう》に安全《あんぜん》な人《ひと》なのかな？　それはどうしたら確《たし》かめられるかな？

？とにかくおとなに相談《そうだん》してみない？

ネットの世界《せかい》では、いろいろな場所《ばしょ》で会員登録《かいいんとうろく》が必要《ひつよう》になるよね。家族《かぞく》で登録《とうろく》のルールについて話《はな》しておかない？　自《じ》分《ぶん》で判断《はんだん》できるようになるのが目標《もくひょう》だけど、最初《さいしょ》はおとなの人《ひと》と相談《そうだん》しながらやろうね！

自分《じぶん》ではまったくそんなつもりがなくても、会員登録《かいいんとうろく》に使《つか》った名前《なまえ》やメールアドレスを、悪《わる》いことに使《つか》われてしまうこともあるんだ。犯人《はんにん》があなたになりすまして友《とも》だちをだますなんて、イヤだよね？

5 お金《かね》のかかるやりとりはしない

インターネットの世界《せかい》では、同《おな》じしゅみを持《も》った人《ひと》と簡単《かんたん》に仲《なか》よくなれるよね？　ほしかったグッズを取《と》りかえたり、ライブのチケットをゆずってもらうなど、ワクワクすることがたくさん！

でも、そこでお金《かね》をやりとりしてもだいじょうぶなのかな？　だまされたとわかっても、いったんわたしてしまったお金《かね》や品物《しなもの》を取《と》りもどすのはとても難《むずか》しいよ。グッズを送《おく》る前《まえ》、お金《かね》をはらう前《まえ》に、考《かんが》えようね。

うーん
どうしよう
お年玉《としだま》の
残《のこ》りは
あるけど…
つっきーのグッズ、うっかりダブってしまって
よければ買《か》ってくれませんか？
SNS《えすえぬえす》ペイで送金《そうきん》してくれたらOK《おーけー》です！コンビニで現金《げんきん》チャージできますよ
他《ほか》の人にも声《こえ》かけてるので売《う》れちゃったらゴメンナサイ
お金《かね》もらったらブロックしちゃうけどね～

？ 知《し》らない人《ひと》から、お金《かね》をあげるといわれたら？

世《よ》の中《なか》にはほしいものがあふれているよね？　そして、ほしいものを手《て》に入《い》れるには、お金《かね》が必要《ひつよう》。みんなは「お金《かね》をあげます」と言《い》われたらうれしい？　よろこんでもらっちゃう？

ネット上には「〜してくれたら○○円《えん》差《さ》し上《あ》げます！」「くじ引《び》きで当《あ》たったら○○円分《えんぶん》のポイントをプレゼント！」なんて書《か》かれていることがあるよね？　ちょっとした質問《しつもん》に答《こた》えるだけで、そこのサイトで使《つか》えるポイントがもらえたり、ちゅうせんで現金《げんきん》が当《あ》たったりするならおトク！って思《おも》うかな？

でも、相手《あいて》は何《なに》か理由《りゆう》があってポイントやお金《かね》をくれるんじゃない？　みんなは知《し》らない人《ひと》にお金《かね》やポイントをあげたい？　あげるとしたら、何《なに》か自分《じぶん》にもトクになることがあるからじゃない？

お金《かね》のやりとりは必《かなら》ずおとなに相談《そうだん》

本当《ほんとう》にあやしいところにはおうぼしないと思《おも》うけど、最近《さいきん》は「安全《あんぜん》そうな悪《わる》いサイト」もたくさんあるよ。お金《かね》にかかわるやりとりをするときには、必《かなら》ず家族《かぞく》か、しんらいできるおとなに相談《そうだん》しようね。

6 やさしいおとなには注意《ちゅうい》しよう

みんなは「あやしい人《ひと》」がいたら気《き》をつけるようにと言《い》われたことあるよね？

では「あやしい人《ひと》」ってどんな人《ひと》のことだと思《おも》う？　もしかしたら、見《み》た目《め》があやしい人《ひと》をイメージをしているかもしれないけど、実《じつ》は見《み》た目《め》はあやしくないのに、注意《ちゅうい》しなくてはいけないおとなもいるんだよ。

そんな人《ひと》は親切《しんせつ》なふりをして、あなたを安心《あんしん》させて、悪《わる》いことをしようとねらっているかもしれないよ。

大人《おとな》はなんにもわかってないよね
ああ、その気持《きも》ちわかるなあ
おこづかい足《た》りないよね
ゲーセン好《す》き？いくらでもおごるよ
おいしいケーキごちそうするよ
ほしいものあれば買《か》ってあげる

？「グルーミング」って知《し》ってる？

子《こ》どもたちを自分《じぶん》の思《おも》い通《どお》りにあやつりたいおとなが、自分《じぶん》を「いい人《ひと》」と信《しん》じさせるためにすることだよ。

なやみを聞《き》いてくれたり、ほしいものを買《か》ってくれたり、二人《ふたり》だけの秘密《ひみつ》を作《つく》ったり……。やさしいふりして、そのうらにはグルーミングがひそんでいるかもしれないんだ。

ちょっとおかしいな、と思《おも》うくらい親《しん》切《せつ》にされるようになったときは要注意《ようちゅうい》。不安《ふあん》に思《おも》ったらすぐにしんらいできるおとなに相談《そうだん》しよう。

人《ひと》はやさしくされると、その人《ひと》のことを信用《しんよう》するようになるよね？　それを利《り》用《よう》するのがグルーミング。信用《しんよう》しているから、ふだんなら「おかしいぞ」と思《おも》うことにも気《き》づきにくくなるんだ。グルーミングは、人《ひと》の心《こころ》を利用《りよう》した犯罪《はんざい》なんだよ。

絶対《ぜったい》に二人《ふたり》きりにならない

どんなに信《しん》じている相手《あいて》でも、ほかの人《ひと》のいないところで二人《ふたり》きりになるのはやめよう。ネットでも二人《ふたり》きりでのチャットは長《なが》く続《つづ》けないようにしようね。お金《かね》や物《もの》をもらうのも、やめておこう。

コラム

ネットにアップされたものは消《き》えない

インターネットにアップした写真《しゃしん》や動画《どうが》は、アップした人《ひと》が削除《さくじょ》したとしても、ほかの人《ひと》がダウンロードしたり、それをまた写真《しゃしん》にとったりすると、永遠《えいえん》に消《け》すことができないんだ。

面白半分《おもしろはんぶん》で、悪《わる》ふざけした動画《どうが》をアップして、それが広《ひろ》まってしまうと（拡散《かくさん》というよ）、もうだれにも止《と》められないんだよ。

インターネットの便利《べんり》だけどこわいところは、アップした写真《しゃしん》や動画《どうが》は身近《みぢか》な人《ひと》だけではなくて、世界中《せかいじゅう》すべての人《ひと》が見《み》ることができること。そしてそれは、何十年《なんじゅうねん》も先《さき》まで残《のこ》り続《つづ》けることも知《し》っておこう。

自分《じぶん》だけじゃなく、周《まわ》りの人《ひと》たちにもイヤな思《おも》いをさせないようにするには、どうすればいいかな。

もし世界中《せかいじゅう》に広《ひろ》まったとしても、後悔《こうかい》しないかどうか、家族《かぞく》や友《とも》だち、みんなのこと、ずっと先《さき》のことを考《かんが》えてから、ネットに情報《じょうほう》を上《あ》げるようにしようね。

第《だい》5章《しょう》

友《とも》だちって なんだろう？

友《とも》だちは大切《たいせつ》
みんなと仲《なか》よくできたらいいね
でも、そうできないこともある
どうしてかな？
友《とも》だちを大切《たいせつ》にするために
できることはあるかな？

1 みんなと仲《なか》よくしなくちゃいけないの？

「仲《なか》よし」ってどういうことかな？　どんなときもいっしょにいる友《とも》だち？　いつも同《おな》じ考《かんが》えの友《とも》だち？　ずっといっしょにいて、同《おな》じ考《かんが》えじゃないと「仲《なか》よし」じゃないって言《い》われたら、少《すこ》しツラいかもね。

みんなは自分《じぶん》が大切《たいせつ》にされたらうれしいよね？　きっと友《とも》だちもそうじゃないかな？

そうだとしたら「仲《なか》よし」って、おたがいを大切《たいせつ》にして、両方《りょうほう》がハッピーになるように考《かんが》えあうことじゃないかな。

ショウヘイくんてホント大《おお》きいよねー
なにを食《た》べたらそんなになるの？
今日《きょう》もしつこく聞《き》かれるのかな…
早《はや》く席《せき》がえしてほしい

キライって思《おも》うのは悪《わる》いこと？

みんなと仲《なか》よくって言《い》われると苦《くる》しい
好《す》きな子《お》も苦手《にがて》な子《こ》もいる
あんまり考《かんが》えたことなかったな…

なぜか友《とも》だちをキライっていう気《き》もちが出《で》てくることがあるんだよね。それは、イヤなことを言《い》われたり、されたりしたからかな？　その人《ひと》がだれかにいじわるしているところを見《み》たからかな？　もし、言《い》われたことや、されたことでイヤな気《き》もちになったんだったら、それは相手《あいて》に正直《しょうじき》に伝《つた》えてもいいと思《おも》うよ。

勇気《ゆうき》を出《だ》してそのことを伝《つた》えようと思《おも》うなら、それはその人《ひと》と仲《なか》よくなりたいって気《き》もちがあるからだよ。

だれでも気《き》もちの中《なか》に「キライ」が生《う》まれちゃうのはしかたがないことなんだけど、それはわざわざあいてに伝《つた》えなくてもいいことだよね。もし自分《じぶん》が友《とも》だちに「キライ」っていわれたら悲《かな》しくなるでしょう？　でも、キライな気《き》もちをがまんするのは自分《じぶん》が苦《くる》しくなっちゃうかもね。好《す》きもキライも正直《しょうじき》な気《き》もち。自《じ》分《ぶん》の気《き》もちは大切《たいせつ》にしたいよね。

2 ずっと仲《なか》よくしたいと思《おも》ったら？

仲《なか》よしの友《とも》だちと、これからもずっと仲《なか》よくできたらいいよね。

だけど、最初《さいしょ》は気《き》が合《あ》って、とても仲《なか》よしになっても、どっちかがだんだん変《か》わっていくこともある。おたがいに変《か》わっていくこともある。それは自然《しぜん》なことなんだよ。

大切《たいせつ》にしたい友《とも》だちだからこそ、おたがいに認《みと》め合《あ》いたいし、変《か》わっていくことにもO《オー》K《ケー》を出《だ》していきたいね。友《とも》だちとの関係《かんけい》がよくなるマナーってあるのかな？

ね、カレン、私《わたし》たち仲《なか》よしだよね？
なに、急《きゅう》にどうしたの？
ずっと仲《なか》よしだよね？

友《とも》だちと気《き》もちよくすごすには？

みんなには、友《とも》だちを大事《だいじ》にしたい、その子《こ》と仲《なか》よくしたいっていう気《き》もちがあるよね？　じゃあ、その気《き》もちは相手《あいて》にちゃんと届《とど》いているかな？

うまく「ずっと仲《なか》よくしてね」っていう気《き》もちが伝《つた》えられるといいね。

自分《じぶん》は友《とも》だちにどんなことをしてもらったときに「うれしいな」って思《おも》う？

朝《あさ》「○○ちゃんおはよう」って名前《なまえ》を呼《よ》んであいさつしてくれたり、落《お》とした消《け》しゴムをひろってくれたり、悲《かな》しい気《き》もちの時《とき》にはげましてくれたりすると、大事《だいじ》にされていると感《かん》じるんじゃないかな？　ほかにはどんなことがあるだろう？

だれかを大切《たいせつ》にするって「相手《あいて》がうれしいことをする。相手《あいて》のイヤなことはしない」っていうことだよ。相手《あいて》の気《き》もちになって考《かんが》えられるかな？

マナティーのアドバイス

「相手《あいて》の気《き》もちになって考《かんが》える」ってよく言《い》われるけど、これはとても難《むずか》しいんだ。「相手《あいて》はきっとこう思《おも》うだろう」と、考《かんが》えるのは大事《だいじ》だけど、本当《ほんとう》に相手《あいて》がそう思《おも》うかどうかは別《べつ》のこと。相手《あいて》のことをよく知《し》ることから始《はじ》めよう。

？苦手《にがて》な友《とも》だちとは　どうつきあえばいいの？

だれにだって『苦手《にがて》だな』『気《き》が合《あ》わないな』って思《おも》う人《ひと》はいるよね。それはおとなも同《おな》じだよ。

その人《ひと》のことを、どうして苦手《にがて》って思《おも》うんだろう？　自分《じぶん》とは、好《す》きなものも考《かんが》え方《かた》も、全部《ぜんぶ》ちがったら、少《すこ》し「この人《ひと》は苦手《にがて》だな」っていう気《き》もちが出《で》てきちゃうかもしれないね。

ただ「ちがう」っていうことを「苦《に》手《て》」や「キライ」といっしょにしちゃうと、いろんな考《かんが》えの人《ひと》と知《し》り合《あ》って、仲《なか》よくするチャンスがなくなっちゃうんじゃない？

自分《じぶん》と友《とも》だちはちがってあたりまえ。ちがいを知《し》ることで、自分《じぶん》ってこんな人《ひと》なんだなって気《き》づかせてもらえることもあるんだよ。そう思《おも》うと「ちがうこと」もすてきなことに見《み》えてこない？

苦手《にがて》な友《とも》だちの　いいところはどこ？

苦手《にがて》だなって思《おも》う友《とも》だちの、得意《とくい》なことや好《す》きなものって知《し》ってる？　「動物《どうぶつ》が好《す》き」「発表《はっぴょう》が得意《とくい》」「歌《うた》が上手《じょうず》」など、いいところがたくさんあるんじゃないかな。そんな発見《はっけん》をしたら、その子《こ》のこと少《すこ》し好《す》きにならないかな？

？仲《なか》よしの友《とも》だちが変《か》わっちゃったら？

せっかく仲《なか》よしになったんだから、ずっと仲《なか》よしでいたいって思《おも》うよね。もし、仲《なか》よしでいられなくなったらどうしようと不安《ふあん》になるかもしれない。

でも、大好《だいす》きな果物《くだもの》が「いちご」から「ぶどう」に変わったり、「野球《やきゅう》」から「サッカー」にきょうみが移《うつ》るみたいに、自分《じぶん》の気《き》もちが変《か》わっていくこともあるんだよ。それにつれて、仲《なか》よしの友《とも》だちも変《か》わっていくかもしれないよね。

一人《ひとり》の友《とも》だちとずっと長《なが》く仲《なか》よしでいることもあれば、仲《なか》よしの友《とも》だちが変《か》わっていくこともある。考《かんが》え方《かた》やきょうみを持《も》っているものがちがう友《とも》だちとの出会《であ》いは、みんなを大《おお》きく成長《せいちょう》させてくれるよ。

いろんな友《とも》だちと知《し》り合《あ》って、自分《じぶん》の世界《せかい》を広《ひろ》げていこう！

前《まえ》のちびきゃわは長《なが》かったけどついに交代《こうたい》か
あ！カレン、今度《こんど》のブームはマナティー？
え？なんでわかるの
カバン見《み》たらすぐわかるよ

3 自分《じぶん》の言葉《ことば》を見直《みなお》そう

人《ひと》の心《こころ》は目《め》に見《み》えないから、「仲《なか》よくしたい」っていくら心《こころ》で思《おも》っていても、相手《あいて》には通《つう》じないんだよね？

でも、その気《き》もちを言葉《ことば》にしたらどうだろう。「仲《なか》よくしたい」って言《い》えば、相手《あいて》に伝《つた》わるよね？　そして、言《い》われたらうれしい気《き》もちにならない？

言葉《ことば》にこめた気《き》もちは相手《あいて》に伝《つた》わる。それを「言霊《ことだま》」っていうんだよ。自分《じぶん》の言葉《ことば》にはどんな気《き》もちがこもっているかな？

？ペップトークって知《し》ってる？

自分《じぶん》も友《とも》だちも元気《げんき》にすることができる、言葉《ことば》かけの方法《ほうほう》があるんだ。それを「ペップトーク」って言《い》うんだよ。

ペップは「元気《げんき》」「活気《かっき》」「活力《かつりょく》」っていう意味《いみ》の英語《えいご》。前向《まえむ》きに相手《あいて》の背中《せなか》をおすような、元気《げんき》づけ、勇気《ゆうき》づけの言葉《ことば》をペップトークって呼《よ》んでいるんだ。

みんながおうえんしたりおうえんされたするのはどんなとき？「運動会《うんどうかい》」「学《がく》習発表会《しゅうはっぴょうかい》」「ピアノの発表会《はっぴょうかい》」「サッカーの試合《しあい》」なんかがそうかな？　ほかにもあるんじゃないかな？　友《とも》だちからおうえんされると、元気《げんき》をもらえるよね？

そのおうえんの気《き》もちを、もっとうまく言葉《ことば》にこめる方法《ほうほう》が「ペップトーク」なんだよ。

ペップトークで大事《だいじ》なことは「ポジティブな言葉《ことば》」を使《つか》うっていうこと。ペップトークで話《はな》すと相手《あいて》も自分《じぶん》も元気《げんき》になるよ。

ペップトークで有名《ゆうめい》なのは、2023年《ねん》3月《がつ》のワールドベースボールクラシック、決勝戦《けっしょうせん》の前《まえ》に大谷翔平選手《おおたにしょうへいせんしゅ》がチームメイトにかけた言葉《ことば》だよ。チームをひとつにしたペップトーク、一度《いちど》聞《き》いてみて！

※協力：日本ペップトーク普及協会　https://www.peptalk.jp/

ペップトークの反対《はんたい》は？

がんばってるね
すごいね
ありがとう

ペップトークは

- ポジティブで
- 相手《あいて》のことを考《かんが》え
- 短《みじか》くてわかりやすくて
- やってみようという気《き》もちにさせる

そんな言葉《ことば》かけ。なんか「ふわふわ言《こと》葉《ば》」によくにてるね。

その反対《はんたい》にプッペトークというのもあって、これは

- ネガティブで
- 相手《あいて》のためと言《い》いながら
- 長《なが》くて
- やる気《き》が消《き》えていっちゃう

そんな言葉《ことば》かけだよ。これは「ちくちく言葉《ことば》」ににてない？　こんな言葉《ことば》で話《はな》しかけられたら、気《き》もちが少《すこ》ししずんじゃうよね？　ふだん話《はな》す言葉《ことば》をできるだけペップにしていくと、きっとみんなうれしい気《き》もちになって、元気《げんき》になるんじゃないかな？

？ 一日《いちにち》に何回《なんかい》、言葉《ことば》を心《こころ》に思《おも》いうかべたり、口《くち》にしたりしてる？

心《こころ》に思《おも》いうかんだこと、考《かんが》えたことを言葉《ことば》にして整理《せいり》することってあるよね？　頭《あたま》や心《こころ》の中《なか》で思《おも》うだけじゃなくて、小《ちい》さな声《こえ》で、自分《じぶん》に話《はな》すこともあるんじゃないかな？　直接相手《ちょくせつあいて》に話《はな》す言葉《ことば》もある。

そうやって、人《ひと》は一日《いちにち》に何万語《なんまんご》も、自分《じぶん》や相手《あいて》に話《はな》しかけているんだって。すごいことだと思《おも》わない？

その言葉《ことば》をできるだけペップなものにしていけたら、きっと自分《じぶん》も、友《とも》だちも気《き》もちがいいんじゃないかと思《おも》うんだ。

「ありがとう」や「大好《だいす》き！」みたいに、だれにとってもうれしい言葉《ことば》もあれば、その人《ひと》が特《とく》に言《い》ってほしい言葉《ことば》、好《す》きな言葉《ことば》もあるんじゃないかな？　それを知《し》るためには、友《とも》だちの話《はなし》をよく聞《き》くこと、友《とも》だちのことをよく考《かんが》えて、その子《こ》の話《はなし》をよく聞《き》くことが大事《だいじ》だよ。

ポジティブ
いい天気《てんき》だな
犬《いぬ》かわいい
先生《せんせい》の話《はなし》おもしろい
このクラス好《す》き
休《やす》み時間楽《じかんたの》し
ハナいいこと言
ネガティブ
まだ寝《ね》てたいよ
理科《りか》わからない
マラソンきらいだ
めんどくさいなー
やなことされた
給食《きゅうしょく》まだかなー
これはどっちかな

4 よくなってほしいところを伝《つた》えてみよう

とても仲《なか》がいい友《とも》だちでも、こうしてほしいとか、ここを直《なお》してくれたらいいのに、と思《おも》うことはあるよね。もしかしたら友《とも》だちのほうにも、そう思《おも》っていることところがあるのかもしれないね。

自分《じぶん》が相手《あいて》にどう言《い》われたら、すなおに「直《なお》そう」「ありがとう！　やってみる」と思《おも》えるかな？　逆《ぎゃく》に、ちょっとイヤな気《き》もちになるのはどんな言《い》い方《かた》だろう？　やる気《き》になる伝《つた》え方《かた》ができるといいね！

花粉《かふん》しょうはしかたないけど
くしゃみは口《くち》をおさえてしてよ！
ごめんごめん

？「変《か》えてみたい！」と思《おも》うような伝《つた》え方《かた》は？

あ、ぼくもクチャクチャしてるかも？
クチャクチャしないほうがいいな
あんまり言《い》われるとおいしくない

たとえば、給食《きゅうしょく》のときにクチャクチャ音《おと》を立《た》てて食《た》べている友《とも》だちがいて、それが気《き》になるってことあるよね？

そんなときに「それはマナー違反《いはん》だよ！」って強《つよ》い調子《ちょうし》で言《い》ってない？

「マナー」って相手《あいて》も自分《じぶん》も気《き》もちよく過《す》ごすためのものなのに、まるで相手《あいて》を責《せ》めるみたいに使《つか》うのはどうだろう？言《い》われた相手《あいて》はどんな気《き》もちかな？

まず、相手《あいて》がどうしてそんなことをしたのか、聞《き》いてみない？

マナーを知《し》らないからかな？　知《し》らないなら「クチャクチャしないほうがかっこいいよ」って言《い》ってあげるといいよね。

知《し》ってるけどカゼをひいて鼻《はな》がつまってるなら「口元《くちもと》をおさえるといいかもよ」って教《おし》えてあげようか？

伝《つた》えた相手《あいて》が「教《おし》えてくれてありがとう」って言《い》ってくれるような伝《つた》え方《かた》ができるといいね。

よくしてほしいところを　ポジティブに伝《つた》えるには？

みんなは「ポジティブ」っていう言葉《ことば》の意味《いみ》を知《し》ってるかな？　ポジティブっていう言葉《ことば》は、「前向《まえむ》き」って言《い》いかえることもできるよ。

たとえば、そうじの時間《じかん》にふざけている子《こ》に「ふざけちゃダメ！」と言《い》うのと、「集中《しゅうちゅう》して早《はや》く終《お》わらせよう！」っていうのと、どっちがポジティブかな？　そして、どっちが早《はや》くそうじを終《お》わらせられそうかな？

どちらも相手《あいて》のことを思《おも》って言《い》ってることだけど、「ダメ！」より「早《はや》く終《お》わらせよう！」のほうがポジティブだし、言《い》われたほうも気分《きぶん》よくがんばれるんじゃないかな？　どう思《おも》う？

相手《あいて》によくしてほしいところがあるなら、できるだけポジティブに伝《つた》えてみない？　そのほうが相手《あいて》も気《き》もちよく、やる気《き》になると思《おも》うよ。

ポジティブの反対《はんたい》ってなに？

チェック！

ポジティブの反対《はんたい》は「ネガティブ」。否定的《ひていてき》っていう意味《いみ》だよ。否定《ひてい》されると人《ひと》はさみしくてイヤな気《き》もちになるんだ。

できるだけポジティブな言葉《ことば》かけをしていこう！

？失敗《しっぱい》しちゃった友《とも》だちをはげますには？

合唱《がっしょう》コンクールの本番《ほんばん》で、ピアノばんそうを失敗《しっぱい》した友《とも》だちに、どんな言葉《ことば》をかける？　そんなときに相手《あいて》を元気《げんき》づけることができるのが「ペップトーク」だよ。

- 人《ひと》は夢《ゆめ》や願《ねが》いを持《も》ってそこにいる（存在《そんざい》）。
- そしてどうするかを決《き》める（行動《こうどう》）。
- やったことには結果《けっか》がついてくる（結果《けっか》）。

この三《みっ》つのどこを否定《ひてい》されても、否定《ひてい》された人《ひと》の心《こころ》が傷《きず》つくんだって。逆《ぎゃく》にこの三《みっ》つのどこかを認《みと》められたら、元気《げんき》が出《で》るらしいよ。

「ナイストライ！　歌《うた》いやすかったよ！」（結果《けっか》）「毎日練習《まいにちれんしゅう》してくれてたね」（行動《こうどう》）と、行動《こうどう》や結果《けっか》を認《みと》めよう。何《なに》より「あなたがいてくれてよかった」と存在《そんざい》を認《みと》められると、すごく元気《げんき》が出《で》るんだって。

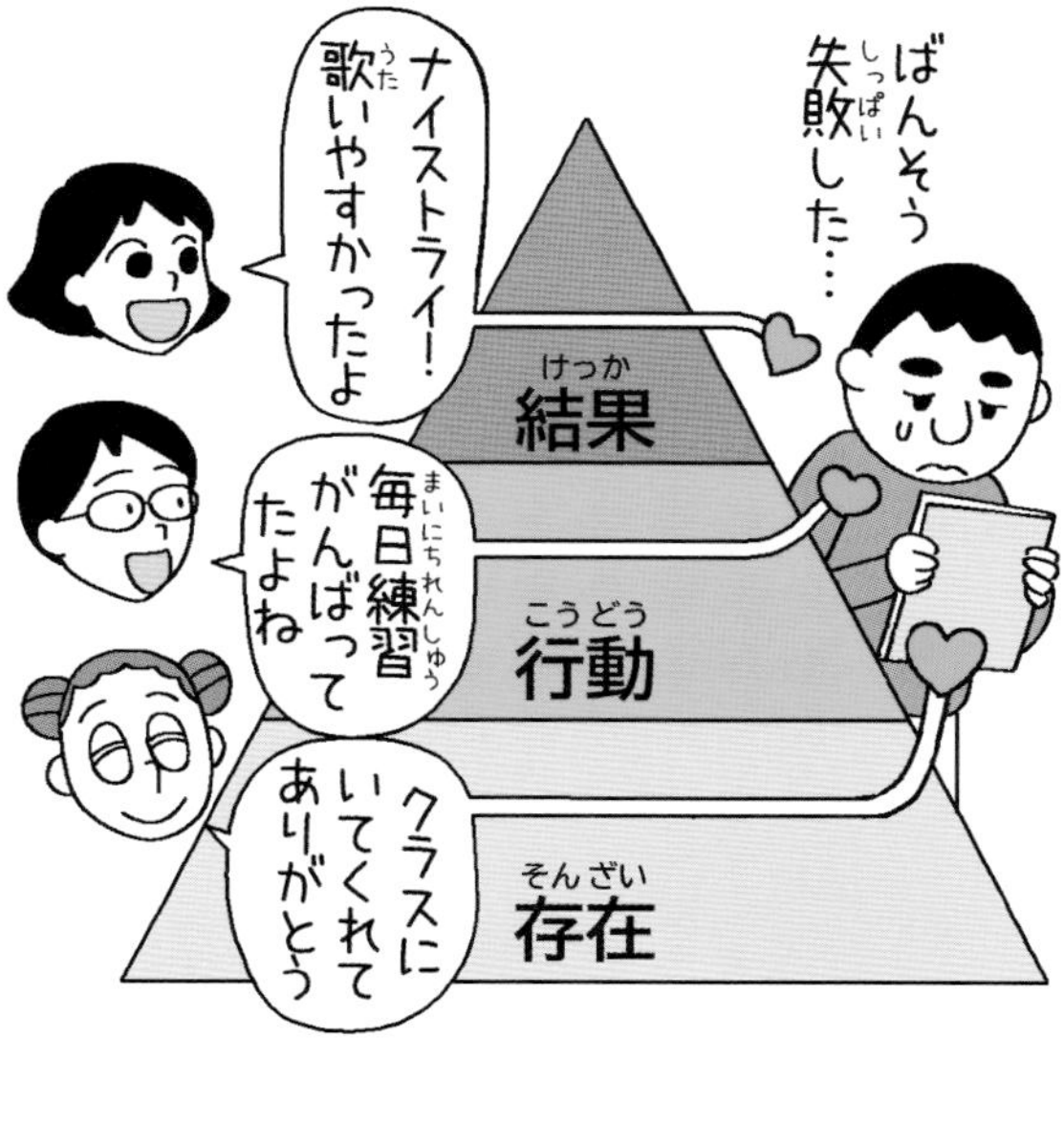
ばんそう失敗《しっぱい》した…
ナイストライ！歌《うた》いやすかったよ
毎日練習《まいにちれんしゅう》がんばってたよね
クラスにいてくれてありがとう
結果《けっか》
行動《こうどう》
存在《そんざい》

5 自分《じぶん》を元気《げんき》にする言葉《ことば》かけをしよう！

「あの子《こ》のそばに行《い》くとなんか元気《げんき》が出《で》る」って思《おも》う友《とも》だちはいないかな？　周《まわ》りにいる人《ひと》を元気《げんき》にできるってすてきなことだよね？　その人《ひと》はどうしてそんなことができるんだろう？　それはまず、その人自身《ひとじしん》が元気《げんき》でいるからなんだよ。

　みんなも自分《じぶん》を元気《げんき》にしてみない？　人《ひと》は自分《じぶん》に「ポジティブ」な言葉《ことば》をかけると元気《げんき》になるんだって。そして、自分《じぶん》の元気《げんき》はきっとだれかを元気《げんき》にするんだよ！

言葉《ことば》が変《か》わると元気《げんき》が出《で》る？

失敗《しっぱい》したら落《お》ちこむし、立《た》ち直《なお》ることがむずかしいこともあるね。でも、ためしに失敗《しっぱい》しても自分《じぶん》に「だいじょうぶ！　ここからスタート！」って言《い》ってみて！　気《き》もちが変《か》わらない？　次《つぎ》に進《すす》もうって元気《げんき》が出《で》てこない？

マナティーのアドバイス

自分《じぶん》にかけるポジティブな言葉《ことば》は、元気《げんき》になりたい気《き》もちを支《ささ》えてくれるお守《まも》りの言葉《ことば》だよ。「きっとだいじょうぶ！」「きっとできる！」って信《しん》じて、使《つか》い続《つづ》けることが大事《だいじ》なんだ。

落《お》ちこんだときはどんな言葉《ことば》？

もし、落《お》ちこむことがあったら、それはきっとすごくがんばったからだよね。がんばったのにうまくいかないと、落《お》ちこむのはあたりまえ。落《お》ちこんでいる自《じ》分《ぶん》にもOK《オーケー》を出《だ》してあげよう。自分《じぶん》に「がんばったね」って言《い》ってあげよう。きっと、心《こころ》が落《お》ちついて、次《つぎ》に進《すす》みたくなってくるよ。

337びょうしって知《し》ってるかな？おうえんに使《つか》う、リズムに乗《の》った言《こと》葉《ば》かけだよ。337びょうしのリズムで自分《じぶん》を元気《げんき》にしてみない？

6 おたがいにかける言葉《ことば》を変《か》えてみよう

この言葉《ことば》を使《つか》っていいのかな？　これを言《い》ったら相手《あいて》がイヤな気《き》もちにならないかな？と考《かんが》えられるってすてきなことだね。

できたら、自分《じぶん》が言《い》いたい言葉《ことば》じゃなくて、相手《あいて》が言《い》ってほしい言葉《ことば》を言《い》えたらいいね。言《い》ってほしい言葉《ことば》を見《み》つけるヒントは、相手《あいて》のことをたくさん考《かんが》えて、相手《あいて》の話《はなし》をたくさん聞《き》くことだよ。自分《じぶん》がポジティブであたたかい言葉《ことば》をかけたら、相手《あいて》からもそんな言葉《ことば》が返《かえ》ってくるよ。

イヤなところが気《き》にならなくなる？

自分《じぶん》のできないことや友《とも》だちのイヤなところって気《き》になっちゃう？　それを見《み》るとイライラしちゃうかな？　そんな時《とき》には気《き》もちを切《き》りかえて、自分《じぶん》のできていること、友《とも》だちのやれていることに目《め》を向《む》けてみよう！

マナティーのアドバイス

友《とも》だちのいいところをたくさんみつけたら、イヤなところが気《き》にならなくなるよ。ふしぎだよね？　自分《じぶん》や友《とおm》だちのいいところ探《さが》しの名人《めいじん》になろう。

みんなのことが好《す》きになる？

朝《あさ》は「おはよう」帰《かえ》りは「さようなら、また明日《あした》」って言《い》ってもらえたら？　落《お》ちこんでいる時《とき》に「だいじょうぶ？」って聞《き》いてもらえたら？　ちょっとうれしくならない？　だれかに気《き》にしてもらえてるってうれしいことだね。みんなでおたがいのことを気《き》づかうクラスや学校《がっこう》は、きっといごこちがいいだろうね。

「ありがとう」は自分《じぶん》と友《とも》だちをつなぐ最強《さいきょう》のペップトーク。できるだけたくさんの「ありがとう」をおくろう！

著者《ちょしゃ》　岸田《きしだ》 輝美《てるみ》

特定非営利活動法人《とくていひえいりかつどうほうじん》 マナー教育《きょういく》サポート協会理事長《きょうかいりじちょう》

生活様式《せいかつようしき》が変《か》わり、マナーも変《か》わってきています。先人《せんじん》が伝《つた》えてくれたマナーの理由《りゆう》を知《し》ること。それが今《いま》の時代《じだい》に合《あ》っているかを考《かんが》えること。相手《あいて》も自分《じぶん》も大事《だいじ》にすること。この本《ほん》を友《とも》だちにして、未来《みらい》にワクワクしていきましょう。

矢嶋《やじま》 君江《きみえ》　周《まわ》りの人《ひと》たちへの「思《おも》いやりの気持《きも》ち」をどう表現《ひょうげん》すれば、皆《みな》さんの行動《こうどう》につながるかなという大《おお》きなカベに何度《なんど》もぶつかりました。その度《たび》に私自身《わたしじしん》も少《すこ》し成長《せいちょう》できました。ありがとうございました。

安田《やすだ》 あゆみ　本《ほん》を手《て》に取《と》ってくれた小学生《しょうがくせい》のみなさんが、この本《ほん》を読《よ》んでよかったところ、不思議《ふしぎ》に思《おも》ってもう少《すこ》し考《かんが》えてみたいところを家族《かぞく》やお友《とも》だち、周《まわ》りのみんなに伝《つた》えてくれたらうれしいです。

編集協力	おやのめぐみ
イラスト	上杉 映子
デザイン・ＤＴＰ	元盛 恵

スタッフ紹介《しょうかい》

みなさん本当《ほんとう》にありがとうございました！

この本《ほん》は著者《ちょしゃ》の岸田輝美《きしだてるみ》が理事長《りじちょう》を務《つと》めるマナー教育《きょういく》サポート協会《きょうかい》のメンバーに全面的《ぜんめんてき》に協力《きょうりょく》してもらいました！

岩下《いわした》 美和子《みわこ》　小学生《しょうがくせい》の皆《みな》さんの心《こころ》に届《とど》けと思《おも》い、一所懸命《いっしょけんめい》書《か》きました。この本《ほん》を読《よ》んで、感《かん》じて考《かんが》えるきっかけになってくれたらうれしいです！

大竹《おおたけ》 奈穂子《なおこ》　みなさん、本《ほん》の中《なか》のマナーでいいな、と思《おも》うことがありましたら今日《きょう》からさっそく試《ため》してしてみませんか？　周《まわ》りの人《ひと》はあなたの行《おこ》ないをステキと思《おも》うはず！チャレンジをおうえんしています。

加藤《かとう》 恵子《けいこ》　小学生《しょうがくせい》のみなさんがどんなふうに毎日《まいにち》を過《す》ごしているか、考《かんが》えながらこの本《ほん》を書《か》きました。この本《ほん》が新《あたら》しい出会《であ》いを広《ひろ》げる一《ひと》つの気《き》づきになってくれたら、とってもうれしく思《おも》います。

みんな違うからこそ考えたい!
小学生のマナーと約束ごと
気もちよく伝える&行動するために

2024年4月30日　　　第1版・第1刷発行

著　者　岸田 輝美（きしだ てるみ）
発行者　株式会社メイツユニバーサルコンテンツ
　　　　代表者　大羽 孝志
　　　　〒102-0093東京都千代田区平河町一丁目1-8
印　刷　シナノ印刷

◎「メイツ出版」は当社の商標です。

●本書の一部、あるいは全部を無断でコピーすることは、法律で認められた場合を除き、
著作権の侵害となりますので禁止します。
●定価はカバーに表示してあります。
©特定非営利活動法人 日本マナー教育サポート協会,覚来ゆか里, 2024
ISBN978-4-7804-2877-3　C8077　Printed in Japan.

ご意見・ご感想はホームページから承っております。
ウェブサイト　https://www.mates-publishing.co.jp/

企画担当：折居かおる